ÉTUDES DE MORALE ET DE SOCIOLOGIE

L. GARRIGUET

L'Évolution actuelle du Socialisme en France

BLOUD ET Cie, ÉDITEURS A PARIS

L'ÉVOLUTION ACTUELLE DU SOCIALISME EN FRANCE

ÉTUDES DE MORALE ET DE SOCIOLOGIE

L'Évolution actuelle du Socialisme en France

LE MOUVEMENT SYNDICALISTE RÉVOLUTIONNAIRE

Son Histoire. — Son Originalité. — Ses Doctrines. Sa Tactique.

PAR

L. GARRIGUET

PARIS
BLOUD & Cie, ÉDITEURS
7, Place Saint-Sulpice, 7

1912

INTRODUCTION

Depuis plusieurs années des tendances séparatistes très accentuées se sont manifestées dans le monde socialiste, surtout dans le monde socialiste français. Propagé par la Confédération Générale du Travail, le mouvement a vite pris des proportions inattendues. Les progrès qu'il a faits, l'importance qu'il a acquise inquiètent sérieusement les tenants des anciens partis prolétariens. Leurs chefs les plus autorisés, ceux qui étaient autrefois le plus religieusement écoutés et le plus docilement obéis, ont vu singulièrement baisser leur prestige. On les traite couramment d'arriérés, de demi-conservateurs, presque de bourgeois. On reconnaît qu'ils ont rendu à la cause de réels services, mais on ne leur cache pas qu'on considère leur rôle comme terminé. Leurs théories, leur déclare-t-on sans détour. ont fait leur temps; elles sont démodées et dépassées. Ils se sont immobilisés au lieu d'avancer; ils n'ont qu'à s'effacer et à laisser le champ libre aux représentants de la nouvelle école qui, se plaçant sur un terrain différent et préconisant d'autres moyens d'action, peut seule conduire la classe ouvrière à la conquête de ses droits et lui ouvrir enfin les portes de la Terre Promise.

En face des diverses fractions du vieux Socialisme est venu se dresser le jeune Syndicalisme qui aspire à le supplanter. Il a ses théoriciens, ses militants, ses propagandistes, ses doctrines propres et ses méthodes à lui. Il prétend, pourtant, ne pas innover. Il aime à répéter qu'il s'inspire des plus pures traditions marxistes et qu'il ne fait que dégager les conclusions pratiques renfermées dans les principes posés par le maitre. Il se donne même comme le seul représentant de la pensée de Marx et de Proudhon; pensée que les autres ont ou mal comprise ou volontairement dénaturée. Proudhon, disent-ils, est avec Marx l'ancêtre le plus authentique du Syndicalisme révolutionnaire. Les syndicalistes sont donc les vrais orthodoxes. Hors d'eux, il ne peut y avoir que tentatives vaines, efforts inutiles, énergies perdues et déceptions cruelles.

Le Socialisme classique et le Syndicalisme révolutionnaire tendent jusqu'à un certain point au même but, mais pour y parvenir ils prennent des chemins tellement différents qu'on serait tenté de voir en eux des adversaires beaucoup plus que des alliés. Des fissures existent depuis longtemps, elles se sont singulièrement élargies ces dernières années et l'on est arrivé à employer des procédés qui ressemblent singulièrement à des hostilités. Socialistes et syndicalistes sont en train de devenir des frères ennemis, s'ils ne le sont déjà. Ils personnifient des tendances absolument opposées. Dès maintenant la rupture parait bien irrémédiable.

De France, où il a pris naissance, le mouvement a essayé de s'étendre en Italie, en Belgique, en Allemagne, en Russie ; on peut même dire qu'il a pénétré, à un degré quelconque, dans tous les pays où la question sociale se trouve nettement posée.

C'est ce mouvement que nous nous proposons d'étudier. Nous raconterons, d'abord, son origine et ses développements ; ensuite, après avoir montré ce qu'est l'organisation de la Confédération Générale du Travail, nous résumerons les doctrines du Syndicalisme et en soulignerons la nouveauté ; puis, nous exposerons les griefs qu'il articule contre les formes antérieures du Socialisme, nous indiquerons la tactique qu'il préconise et les résultats qu'il a obtenus et nous terminerons par un rapide parallèle entre les conceptions et les tendances des autres écoles syndicalistes et les tendances et les conceptions de cette école jeune, ardente, combative, qui prétend arriver à l'établissement de l'unité ouvrière, à la dislocation des cadres capitalistes et étatistes, à l'émancipation des travailleurs, à l'instauration d'un ordre de choses basé sur l'égalité, la justice et la liberté.

Notre étude est d'ordre essentiellement expositif; en l'écrivant nous nous sommes uniquement préoccupé de faire connaître l'évolution troublante qui s'opère sous nos yeux et menace de bouleverser, jusque dans ses fondements, l'organisation sociale établie. Cette évolution n'est encore qu'à ses débuts; il est donc difficile de formuler, dès maintenant, sur elle un jugement définitif. Ses lignes ne se dessinent pas, jusqu'ici, avec une netteté qui permettent de se prononcer sur l'avenir qui lui est réservé et de faire une critique à fond des principes dont elle s'inspire.

Il y a dans le système syndicaliste-révolutionnaire des réclamations fondées, des aspirations légitimes, des tendances généreuses, des conceptions justes, des théories très soutenables; mais il y a aussi — et en très grand nombre — des rêves irréalisables, des prétentions inadmissibles, des théories subversives de tout droit et de tout ordre. Nous avions d'abord songé à faire la part de l'ivraie et celle du bon grain, à séparer ce qui est acceptable de ce qui ne saurait être admis, à souligner dans les doctrines ce qu'elles ont de faux, d'utopique, de dangereux, parfois même de criminel et de monstrueux. Nous y avons renoncé ensuite, nous réservant de reprendre plus tard la question et de la traiter lorsqu'elle sera plus mûre. Le lecteur saura bien, d'ailleurs, dégager lui-même de l'exposé des faits l'appréciation qu'il convient de porter sur le mouvement syndicaliste-révolutionnaire.

Pour exposer plus fidèlement la nature et les progrès de ce mouvement, nous avons souvent cédé la parole à ses théoriciens les plus autorisés. Nous les avons cités fréquemment et, quand nous ne les avons point reproduits textuellement, nous nous sommes largement inspiré de leurs déclarations; c'est leur pensée que nous avons essayé de rendre toujours très exactement.

Il est inutile de faire remarquer que ce souci de saisir en quelque sorte sur le vif et de reproduire avec une scrupuleuse fidélité les doctrines et les espérances du Syndicalisme révolutionnaire n'implique ni adhésion, ni approbation. En employant pour les formuler la langue des promoteurs du mouvement, nous n'entendons pas plus nous solidariser avec eux que garantir la vérité de leurs affirmations, la sagesse de leur tactique, la justice de leurs prétentions ou la licéité de leurs moyens d'action. Nous n'avons voulu qu'une chose : faire œuvre de rapporteur impartial, scrupuleux et sincère.

CHAPITRE Ier

ORIGINE ET DÉVELOPPEMENT DU MOUVEMENT SYNDICALISTE-RÉVOLUTIONNAIRE

I. Reconstitution du parti socialiste en France, après l'écrasement de la Commune. — II. Bifurcation originelle du mouvement corporatif. — III. Efforts des divers partis socialistes pour attirer les syndicats dans leur orbite. — IV. Refus des syndicats de se laisser absorber par les politiciens; première cassure. — V. Evénements qui viennent compliquer la situation et tendre encore les rapports. — VI. Consommation de la rupture : Congrès de Limoges et de Nancy. — VII. Phases par lesquelles a passé le Syndicalisme français depuis ses origines jusqu'à aujourd'hui. — VIII. Conditions particulièrement favorables que le Syndicalisme trouve en France. — IX. Etat du Syndicalisme révolutionnaire dans les autres grands pays de l'Europe.

I. Reconstitution du parti socialiste en France après l'écrasement de la Commune.

Depuis longtemps les travailleurs sentaient le besoin de s'unir pour être forts. Ils savaient qu'ils ne pouvaient lutter, avec quelque chance de succès, contre le patronat qu'à la condition de s'associer ; aussi, quoique la loi leur interdit de se coaliser corporativement, ils avaient, bien avant 1884, formé un certain nombre de syndicats professionnels. Cependant c'est sur le terrain politique, surtout, que le prolétariat de notre pays avait, jusque-là, cherché à se compter et à se grouper.

Désorganisé à la suite de l'écrasement de la Commune et des répressions de 1871, il s'était, en 1876, reconstitué en parti socialiste, dans le sein duquel, dès le début, se manifestèrent des tendances contraires. Les disciples de Proudhon et ceux de Marx se disputèrent la direction du mouvement et s'efforcèrent de faire prévaloir : les premiers, l'idéalisme de 1848; les seconds, le matérialisme historique des collectivistes d'Outre-Rhin. Ces derniers l'emportèrent vite; mais, loin de disparaître, les divisions ne firent que s'accentuer, avec le temps.

Les divergences de doctrine, les antagonismes de tactique, les rivalités de personne donnèrent naissance à de nouvelles scissions et à de nouveaux partis. Lorsque, en 1882, se tint le Congrès ouvrier de Saint-Etienne, on comptait déjà : le *Parti de l'Alliance Socialiste Révolutionnaire* ou *Blanquistes*, le *Parti Ouvrier Français* ou *Marxistes*, le *Parti Ouvrier Socialiste Révolutionnaire Français* ou *Possibilistes*, la *Confédération des Indépendants*, les *Anarchistes* [1]. D'autres vinrent ensuite. Pourtant ces émiettements s'étaient produits sans

1. A la tête du *Parti de l'Alliance Socialiste Révolutionnaire* se trouvait Vaillant; à la tête du *Parti Ouvrier Français*, Guesde et Lafargue; à la tête du *Parti Ouvrier Socialiste Révolutionnaire Français*, Brousse, Allemane. Ces deux derniers, amis alors, se brouillèrent ensuite. La rupture se produisit complète en 1890, au Congrès de Châtellerault et subdivisa en deux tronçons le *Parti Possibiliste*. Il s'agissait de trancher une inimitié de personnes et aussi un point de méthode : un élu dépendait-il de son comité de circonscription ou bien de toute l'organisation de son parti? Brousse était pour le comité; Allemane pour toute l'organisation. Il y avait en outre, entre eux, une mésintelligence de tactique qui portait sur la valeur de l'action politique. Allemane reprochait à Brousse de trop viser aux succès électoraux et de ne pas assez se préoccuper de la propagande théorique. — Allemane fut battu. Avec ses partisans il fonda un nouveau parti : le *Parti Socialiste Révolutionnaire*. Les Broussistes prirent le nom de *Fédération des Travailleurs Socialistes*. Ainsi disparut l'ancien *Parti Ouvrier Socialiste Révolutionnaire Français*. — La *Confédération des Indépendants* eut à sa tête Benoît Malon.

rompre l'unité foncière du socialisme et les diverses fractions du prolétariat révolutionnaire faisaient, toutes, figurer dans les cahiers de leurs revendications : l'étatisation des moyens de production, la conquête des pouvoirs publics par la classe ouvrière, l'entente internationale des travailleurs. C'était le programme qui avait été arrêté au Congrès de Paris de 1880 [1].

Sur ces entrefaites, la loi de 1884 abolit les anciennes prohibitions et reconnut aux ouvriers, comme aux patrons, le droit de se

1. Voici la première partie de ce programme du Congrès de Paris : « Considérant que l'émancipation de la » classe productive et celle de tous les êtres humains » sans distinction de sexe ni de race s'impose ;

« Que les producteurs ne sauraient être libres que tout » autant qu'ils seront en possession des moyens de pro- » duction (terres, usines, navires, mines, banques, cré- » dit, etc.);

« Qu'il n'y a que deux formes, sous lesquelles les moyens » de production puissent leur appartenir : 1° la forme » individuelle qui n'a jamais existé à l'état de fait géné- » ral et qui est éliminée de plus en plus par le progrès » industriel ; 2° la forme collective dont les éléments » matériels et intellectuels sont constitués par le déve- » loppement même de la classe capitaliste;

« Considérant,

« Que cette appropriation collective ne peut sortir que

grouper professionnellement. Elle fut accueillie sans enthousiasme dans le monde des travailleurs, qui trouvèrent qu'elle ne leur donnait qu'imparfaite satisfaction. Elle renfermait des restrictions et imposait des formalités jugées par eux dangereuses et même inacceptables. Ils craignirent, d'abord, qu'elle ne devînt, entre les mains de l'État, un moyen de canaliser et d'énerver les forces prolétariennes.

Cependant, peu à peu les défiances diminuèrent et, après les hésitations de la première heure, on se décida à profiter, dans la plus large mesure, de la liberté accordée.

» de l'action révolutionnaire de la classe productive ou
» prolétariat organisée en parti politique distinct ;
« Qu'une pareille organisation doit être poursuivie par
» tous les moyens dont dispose le prolétariat, y compris
» le suffrage universel, transformé ainsi d'instrument de
» duperie, qu'il a été jusqu'ici, en instrument d'émanci-
» pation ;
« Les travailleurs socialistes français, en donnant pour
» but à leurs efforts, l'expropriation politique et écono-
» mique de la classe capitaliste et le retour à la collecti-
» vité de tous les moyens de production, ont décidé
» comme moyen d'organisation et de lutte, d'entrer dans
» les élections.... »

Ce programme n'est guère que la reproduction du fameux programme de Gotha, arrêté, en 1875, par la *Social-Démocratie* allemande.

De toute part se forment, alors, des syndicats ouvriers, et ils s'organisent, non plus en marge de la loi, mais conformément aux prescriptions de la loi. Souvent, pour accroître leur puissance, ils usent de la latitude qui leur a été donnée et ils s'unissent entr'eux. Tantôt ce sont les syndicats de professions diverses existant dans une même ville ou une même région qui se groupent ensemble : les agglomérats de ce genre constituent les *Bourses du Travail* [1] et les *Unions de Syndicats*.

1. Les *Bourses du Travail*, dans la pensée de ceux qui, les premiers, conçurent l'idée de leur création, devaient surtout, et même uniquement, assurer la régularisation du marché du travail, rendre plus facile aux employeurs la recherche de la main-d'œuvre nécessaire à leur industrie ou à leur commerce et donner aux ouvriers les moyens de trouver de l'ouvrage. Ce devait être un marché de force-travail.

Il semble que la première idée d'une institution de ce genre doive être attribuée à M. de Molinari, rédacteur en chef du *Journal des Economistes*. Il conçut, en 1845, le projet de création d'une Bourse du Travail. Ce projet fut vivement attaqué par les patrons et nullement défendu par les ouvriers qui n'en comprirent ni le mécanisme ni les avantages. Il dut être abandonné.

Repris, en février 1851, par M. Ducou, représentant du peuple, il n'eut pas un meilleur sort. Il fut rejeté à une énorme majorité par l'Assemblée législative. Il n'en fut plus question jusqu'en 1875. A cette époque, un certain

Tantôt ce sont les syndicats d'une même profession répandus sur toute la surface d'un Etat qui se fédéralisent et forment ce que l'on a appelé les *Fédérations nationales corporatives*.

nombre d'ouvriers parisiens adressèrent au Conseil municipal la pétition suivante : « Les soussignés demandent qu'il soit procédé à l'étude de l'établissement, à l'entrée de la rue de Flandre, d'une *Bourse du Travail*, ou au moins d'un refuge clos et couvert, afin d'abriter les nombreux groupes de travailleurs qui se réunissent, tous les matins, pour l'embauchage des travaux du port et autres. » Tout ce qu'ils demandaient c'était donc un simple local, dans lequel ils pourraient attendre, à l'abri de la pluie et du mauvais temps, qu'on vint les embaucher. Jusque-là ils attendaient en plein air et sans abri. La pétition fut renvoyée à une commission et enterrée.

Ce n'est que le 3 novembre 1886, qu'un rapport concluant à la création d'une Bourse du Travail fut déposé sur le bureau du Conseil municipal de Paris. Le rapport fut approuvé, à cause du désir intéressé que l'on avait de ne pas mécontenter les ouvriers qui, grâce au groupement syndical, commençaient à constituer une force avec laquelle on devait compter. En 1887, le Conseil municipal loua une maison qu'il mit à la disposition des travailleurs en attendant que fut construit le local actuel de la rue du Château-d'Eau. On inaugura ce local, le 22 mai 1892.

Bientôt Béziers, Montpellier, Cette, Lyon, Marseille, Saint-Etienne, Nîmes, Toulouse, Bordeaux, Toulon, Cholet suivirent l'exemple de Paris. En 1892, lorsque se tint, à Saint-Etienne, le premier Congrès des Bourses du Tra-

II. Bifurcation originelle du mouvement corporatif.

Dès l'origine, le mouvement corporatif français se bifurque. Parmi les syndicats, les uns,

vail, il existait déjà 15 Bourses, dont 10 s'étaient fait représenter. L'année suivante, au Congrès qui se tint à Toulouse (février 1893), 40 furent représentées. Il y en eut 110 au Congrès de Bourges, en 1904. Il en existait 157, en 1908. Elles durent une grande partie de leur développement à un homme d'une rare énergie, de beaucoup de talent et d'un dévouement exceptionnel, Fernand Pelloutier, mort jeune encore, en mars 1901. La confiance de ses camarades et sa valeur personnelle l'avaient placé à la tête de la *Confédération des Bourses du Travail.*

Les bases d'une Fédération des Bourses avaient été jetées au Congrès de Saint-Etienne. L'idée fut reprise au Congrès de Toulouse; on ratifia les statuts qui avaient été élaborés; la Fédération exista dès lors. Ce fut un événement d'une très haute importance. L'on peut dire que c'est de ce moment, que date, en France, l'apparition d'un mouvement syndical ouvrier réellement autonome. — Dès l'origine des Bourses du Travail, on constate dans les Congrès qu'elles tiennent cet esprit d'indépendance à l'égard des Pouvoirs publics, cette volonté d'éliminer peu à peu tous les éléments bourgeois et même démocratiques, ce désir d'en arriver à l'action directe; en un mot, presque toutes les tendances et toutes les doctrines qui feront, quelques années plus tard, la caractéristique du Syndicalisme français et donneront à la Confédération Générale du Travail son originalité si tranchée au milieu du mouvement ouvrier universel.

très encouragés en cela par le Gouvernement, versent dans le mutualisme. Composés de pacifistes ils se préoccupent, sinon exclusivement, au moins avant tout, d'assurer à leurs membres le plus d'avantages matériels immédiats possible. Ils se modèlent sur le trade-unionisme anglais. Ils n'aspirent pas à renouveler le monde, ils désirent simplement améliorer le sort de leurs adhérents et à faire à ceux-ci une place plus large au banquet de la vie. Pour cela, ils préconisent les œuvres de prévoyance, de coopération et d'assistance. Ils ont peur des luttes de classe et relèguent au second plan ce qui ne se rapporte qu'aux intérêts généraux et lointains du prolétariat.

Les autres syndicats — de beaucoup les plus nombreux — s'engagent dans une direction tout opposée. Sans repousser absolument les œuvres de mutualité et dédaigner les améliorations immédiates, ils prennent, dès le début, des allures nettement combatives. Ils affirment la nécessité d'une résistance irréductible au patronat et érigent en dogme la lutte de classe. Ils vont grossir les rangs de l'armée révolutionnaire dont ils ne tardent pas à constituer l'élément le plus nombreux, le plus discipliné, le plus compact, le plus décidé et le plus militant.

Conduits par des hommes d'action ils marchent de l'avant. Ils ne se contentent même plus de réclamer pour leurs membres le droit : à une existence de chaque jour meilleure, par une augmentation de salaire ; à davantage de liberté et de bien-être, par une diminution des heures de travail ; à un peu plus de dignité par le refus de se laisser traiter comme des bêtes de somme. Ils prévoient qu'ils pourront être appelés, un jour, à assurer la production et qu'ils sont l'embryon des groupes libres de producteurs de l'avenir. En conséquence, ils se constituent en formations de bataille et se déclarent prêts à tout, prêts à toutes les violences comme à tous les sacrifices, pour assurer le triomphe de la cause à laquelle ils ont voué leur vie et en laquelle ils ont placé toutes leurs espérances.

III. Efforts des divers partis socialistes pour attirer les syndicats dans leur orbite.

Les divers partis socialistes se rendent compte de la valeur politique et électorale de ces groupements ouvriers. Aussi, s'efforcent-ils tous de les attirer dans leur orbite et de s'en faire des clients. Ils se préoccupent, en même temps, de ne pas se laisser déborder par eux. Ils entendent, en effet, garder la direction du mouvement et faire accepter par les syndiqués leurs idées, leur tactique et même l'autorité de leurs chefs. Leur rêve est, tout en leur laissant une certaine autonomie professionnelle, de les plier à la discipline du Parti et de les maintenir dans une sorte de tutelle. Ils prétendent les éduquer, mais ils aspirent surtout à les conduire et à les utiliser. Ils espèrent bien pouvoir les traiter, toujours, plus ou moins en mineurs. Chacun d'eux s'ingénie à les confisquer à son profit.

Deux ans se sont à peine écoulés depuis la promulgation de la loi de 1884, que Guesde fonde la *Fédération Nationale des Syndicats* et en fait la doublure corporative, la succursale professionnelle du parti dont il est le chef : *le Parti Ouvrier Français*. Les deux groupements sont si intimement unis qu'ils se confondent. De 1886 à 1892, ils tiennent leurs Congrès dans les mêmes villes, aux mêmes époques et avec les mêmes hommes. C'est le Parti qui donne le mot d'ordre à la Fédération [1].

IV. Refus des syndicalistes de se laisser absorber par les politiciens : première cassure.

La masse ouvrière se lasse, de bonne heure, de la dépendance dans laquelle on veut la

1. Les Congrès socialistes se divisent en *internationaux* et *nationaux*. Aux internationaux se trouvent des délégués des divers pays. On y discute les questions se rapportant aux intérêts généraux du socialisme universel. On y arrête des mesures pour unifier les efforts et faire progresser la cause. Ces assemblées se tiennent successivement dans une des villes des Etats représentés. Il s'en est tenu à Londres, à Paris, à Berlin, à Stuttgart, etc.

Les Congrès nationaux ne réunissent que les délégués d'un pays. Ces délégués sont nommés par les membres des divers groupements qu'ils représentent. Ces Congrès se tiennent, habituellement, tous les ans. Ils se tiennent dans des villes différentes, pour que tout le pays puisse entendre la « bonne parole. »

En France, le *Parti Socialiste* a ses Congrès, la *Confédé-*

tenir. A mesure qu'elle prend conscience de sa force, elle supporte avec plus d'impatience le joug qui lui est imposé et les directions qu'il lui faut subir. Les syndicats se trouvent vite d'âge et de taille à être émancipés. Ils désirent faire eux-mêmes leurs affaires et pensent qu'on doit sortir la lutte du terrain politique pour la porter sur le terrain économique, son terrain naturel et le seul qui, d'après eux, soit solide. Leurs dirigeants prennent une importance prépondérante, ils substituent peu à peu leur influence à l'influence jugée encombrante des meneurs socialistes, ils prennent résolument la tête des troupes confédé-

ration Générale du Travail a les siens. Quand existait la bonne entente entre le Parti et la Fédération des Syndicats, les Congrès des deux groupements se confondaient ou à peu près. Ils se composaient des mêmes délégués et se tenaient aux mêmes endroits et au même moment. Depuis longtemps, il n'en est plus ainsi. La séparation est absolue. Les réunions ne se tiennent plus dans les mêmes villes ; elles ne sont pas formées par les mêmes hommes ; elles ont lieu à des époques différentes. Si on y débat, parfois, les mêmes questions, la tournure que prend la discussion montre vite combien profonde est la scission qui existe entre le Parti et la Fédération et combien différentes sont les conceptions des deux fractions rivales.

rées et les conduisent à la bataille sous les plis du drapeau corporatif.

Les divergences de vue entre le Parti et le Syndicat s'accentuent progressivement. A côté des rivalités de personnes, on sent des mentalités, des aspirations, des intérêts qui, non seulement ne sont pas les mêmes, mais qui se combattent et s'excluent. L'on peut prévoir une cassure à assez bref échéance.

A partir de 1890, des divisions profondes se font jour dans les Congrès ouvriers. Syndicalistes et politiques y défendent leurs conceptions particulières avec une ardeur qui va souvent jusqu'à la violence. Les Guesdistes du *Parti Ouvrier Français*, qui, jusque-là, ont fait triompher leurs idées, sont mis en minorité à Toulouse, en 1893 ; à Lyon et à Nantes, en 1894.

Deux ans plus tard, au Congrès international de Londres, en présence des délégués du prolétariat des deux continents, la discussion reprend plus acharnée et plus âpre que jamais. Elle aboutit à une complète rupture. La *Fédération Nationale des Syndicats* se désagrège, alors, et les groupements qui la composaient passent en très grand nombre à la *Confédération Générale du Travail*, qui vient d'être fondée à la suite du Congrès corporatif de Limoges, en 1895.

Dans le sein de cette organisation puissante, qui fournit aux ouvriers un merveilleux instrument d'action concertée et d'union prolétarienne, le Syndicalisme affirme énergiquement sa volonté de secouer toutes les tutelles, de vivre de sa vie propre et de rester autonome et indépendant aussi bien à l'égard des partis, qu'à l'égard de l'Etat et des communes. Il ne sera ni corporatiste, ni socialiste, ni anarchiste; il sera lui-même.

Après la brisure de Londres, on s'interposa entre les belligérants et on leur demanda, au nom de l'intérêt supérieur de la classe ouvrière, d'oublier leurs rivalités et d'arriver à un accord. Une sorte d'armistice fut consenti, mais des deux côtés on resta l'arme au pied. Chacun demeura sur ses positions. Ces frères ennemis se donneront encore parfois la main, comme ils l'ont fait en 1889 lorsqu'ils se sont unis aux partis bourgeois pour « sauver la République en péril » ; mais habituellement leur action s'exercera parallèlement et non conjointement. Ils ne se combattront pas, durant quelque temps encore, d'une manière ouverte ; ils se contenteront de suivre des voies de plus en plus divergentes. Les jours de l'entente cordiale sont passés ; on ne les reverra jamais.

V. Événements qui viennent compliquer encore la situation et rendre les rapports plus tendus.

Deux événements vinrent, vers cette époque, compliquer encore la situation et rendre les rapports plus tendus. Le premier fut l'affaire Dreyfus qui divisa profondément le prolétariat français, en même temps qu'elle créa, dans le pays, la plus terrible et la plus funeste des agitations. Le second fut l'acceptation par Millerand d'un portefeuille dans un cabinet bourgeois et l'entrée des députés socialistes dans la majorité gouvernementale.

Les politiciens du Parti, ceux qui voyaient dans la conquête des pouvoirs publics le seul moyen de réaliser l'affranchissement de la classe ouvrière, se réjouirent de l'arrivée au ministère de l'un des leurs et virent dans l'importance prise dans le bloc républicain par le groupe socialiste le gage d'un triomphe prochain. C'était un commencement de réalisation du rêve si longtemps caressé, une première main-mise sur la direction des affaires.

Tout en posant pour les hommes inaccessibles à toute séduction et incapables de la moindre compromission, ils s'apprivoisèrent peu à peu, prirent goût aux faveurs gouvernementales et ne dédaignèrent pas de se montrer dans les antichambres, dans les salons et même dans les salles-à-manger officiels. Le Gouvernement ne leur ménagea ni les avances ni les gracieusetés, ils ne repoussèrent que mollement les présents d'Artaxerxès et, maintes fois, provoquèrent d'ardentes critiques de la part des syndicalistes [1].

1. La stupéfaction fut grande dans les milieux socialistes militants, au mois de juin 1899, lorsqu'on apprit tout à coup qu'un député du Parti venait d'entrer dans le ministère Waldeck-Rousseau. C'était le renversement subit de toutes les conceptions anciennes. Sans doute, la prise de possession du Pouvoir central était le point fondamental du programme socialiste, mais c'était une main-mise

Ceux-ci ne virent dans ce qui comblait les politiciens de joie qu'une grave faute de tactique et que le complet abandon de toutes les traditions révolutionnaires. Ils soutinrent qu'on allait, par là, contre les intérêts des travailleurs, qu'on compromettait, et peut-être irrémédiablement, l'avenir de la cause; que le seul résultat que l'on obtiendrait serait d'endormir les impatiences populaires et de rendre, non seulement moins impitoyable, mais même impossible, la lutte de classe sans

globale et collective qu'on avait toujours eue en vue. Or, voici que la conquête s'opérait en dehors des règles prévues, par voie fragmentaire et individuelle. On s'apercevait soudain, avec effroi, que la lutte de classe se transformait en collaboration des classes, l'opposition socialiste en solidarité ministérielle, l'état de guerre en état de paix....

« Lorsque les militants s'aperçurent que la pénétration des socialistes dans l'Etat ne changeait rien à leur sort; que les rapports des classes étaient identiques; que les organes de coercition : l'armée, la police, la justice, l'administration, etc., fonctionnaient exactement comme par le passé; qu'au contraire le pouvoir nouveau, n'avait pour but que de corrompre et d'asservir les organisations ouvrières; que sa politique industrielle n'était qu'une politique de paix sociale; lorsque tout cela fut clair pour la conscience ouvrière, il y eut dans le prolétariat comme une brusque commotion, qui se traduisit par une double réaction contre le socialisme parlementaire et l'Etat dé-

laquelle il ne saurait y avoir de libération ouvrière. Ils n'avaient pas de termes assez vifs pour réprouver la gouvernementalisation des élus du Parti et pour flétrir ce qu'ils appelaient la trahison de Millerand. Ils demandaient que celui-ci fût mis en jugement et chassé à jamais des rangs socialistes.

Ils déclaraient bien haut qu'ils n'avaient pas plus confiance dans l'Etat populaire, même avec quelques ministres venus du collectivisme, que dans l'Etat réactionnaire et con-

mocratique. » HUBERT LAGARDELLE : *Discours prononcé à Paris*, le 3 avril 1907, à la Société de Géographie.

C'est des constatations dont il est ici question que naquit dans toute la partie avancée du socialisme français contre le parlementarisme et la forme démocratique de gouvernement une désaffection qui ne tarda pas à se changer en hostilité. Un résultat inattendu du ministère Waldeck-Rousseau fut de détacher les masses organisées de cet Etat démocratique dans lequel elles avaient, jusque-là, placé leurs meilleures espérances. Après expérience, elles poursuivent non plus le changement de gouvernement, mais la suppression de tout gouvernement.

Ce qui contribua encore puissamment à ouvrir les yeux des ouvriers, ce furent certains actes du Gouvernement : répression sanglante dans les grèves, dépôt de projets de loi restrictifs de la liberté, tentatives de corruption auprès de membres influents des syndicats, achat de services et de consciences, au moyen de bureaux de tabac ou d'autres prébendes, avances suspectes, etc.

servateur. Les faits, d'ailleurs, se chargeaient de leur donner raison [1]. Rien n'avait été changé par « le grand événement politique ». La situation des travailleurs demeurait après, exactement ce qu'elle était avant. Les socialistes qui étaient parvenus à décrocher un portefeuille ministériel ne firent ni plus ni moins que leurs prédécesseurs bourgeois.

Dans cette affaire, les syndicalistes eurent le dessous. Millerand ne fut pas exclu du Parti

1. « La classe ouvrière qui avait longtemps, en France, mis ses espérances dans l'Etat démocratique a pu se rendre compte, à l'expérience, de ce que valait, même avec des ministres socialistes, son fonctionnement régulier et normal. Il s'est produit alors dans la conscience ouvrière un brusque déclanchement, et les travailleurs se sont dit : mais l'Etat populaire qu'on nous promettait est identique, sinon dans ses modalités au moins dans ses conséquences, à l'Etat réactionnaire ou conservateur qu'on nous a fait combattre comme seul responsable de tous maux. Etat il était, Etat il demeure. Quelque supérieure qu'elle soit aux formes antérieures, la forme démocratique n'en change pas le fond et il reste toujours, sous la diversité des apparences, la même force coercitive au service de l'ordre bourgeois. Bien plus! il est d'autant plus dangereux qu'il est plus perfide, et il est d'autant plus perfide qu'il se donne comme le gouvernement du peuple et que ses libéralités philantropiques ne sont que des présents empoisonnés. C'est cette lutte contre la forme démocratique de l'oppression capitaliste, contre l'Etat des

et les députés socialistes continuèrent à soutenir le Gouvernement de leurs votes, avec l'approbation tacite de leurs électeurs.

Battus, les antiparlementaires ne désarment pas. Ils continuent vigoureusement la propagande de leurs idées et s'éloignent de plus en plus du Parti socialiste. Ils répètent en toute occasion que le Syndicalisme est une théorie sociale nouvelle, qu'il se suffit à lui-même et qu'il entend, à l'avenir, vivre de sa propre vie. Ils le déclarent d'une façon en

Millerand et des Waldeck-Rousseau, contre les partis populaires qui les soutenaient, c'est cette lutte qui a définitivement rejeté la classe ouvrière dans ses institutions syndicales comme dans ses retranchements naturels. Et voilà comment ce prolétariat divisé depuis longtemps par des rivalités socialistes et anarchistes, désillusionné par l'accès au pouvoir des « amis du peuple » s'est replié sur lui-même et s'est demandé si les temps n'étaient pas venus de faire ses affaires lui-même. » HUBERT LAGARDELLE, *Discours prononcé au Congrès socialiste de Nancy* (11-15 août 1907).

Karl Marx croyait que le régime démocratique offre ce très grand avantage que l'attention des ouvriers n'étant plus absorbée par des luttes à soutenir contre la monarchie ou l'aristocratie, la notion de lutte de classe devient, alors, beaucoup plus aisée à entendre. Mais l'expérience a appris, au contraire, que la démocratie peut contribuer efficacement à enrayer les progrès du Socialisme en le faisant dévier vers un trade-unionisme encouragé et protégé par le Gouvernement.

quelque sorte officielle au congrès qu'ils tiennent, à Amiens, en 1906.

VI. Consommation de la rupture : Congrès de Limoges et de Nancy.

Cette même année eut lieu, à Limoges, le Congrès annuel des socialistes français. Jules Guesde y fit des efforts désespérés, non plus pour replacer les syndicats sous la tutelle du Parti, mais pour jeter un pont sur l'abime qui s'était creusé et refaire l'union entre les deux groupements devenus indépendants et autonomes. Il y fit formuler par la Fédération socialiste du Nord la déclaration suivante :

« Considérant que c'est la même classe, le même prolétariat qui s'organise et agit, qui doit s'organiser et agir en syndicat ici, sur le terrain corporatif, en parti socialiste là, sur le terrain politique ;

« Que si ces deux modes d'organisation et d'action de la même classe ne sauraient être confondus, distincts qu'ils sont et doivent rester de but et de moyens, ils ne sauraient s'ignorer, s'éviter, à plus forte raison s'opposer, sans diviser mortellement le prolétariat contre lui-même et le rendre incapable d'affranchissement ;

« La Fédération du Nord décide :

« Il y a lieu de pourvoir à ce que, selon les circonstances, l'action syndicale et l'action politique des travailleurs puissent se concerter et se combiner.

« A cet effet, la Confédération Générale du Travail, devenue, par l'afflux de tous les Syndicats, la représentation totale des organisations corporatives françaises, sera invitée à s'entendre avec le Conseil National du Parti socialiste (section française de l'Internationale ouvrière), soit sous forme de délégation permanente, soit par voie de délégation spéciale, au fur et à mesure des décisions à prendre.

« En cas de refus de la Confédération Générale du Travail, cette entente nécessaire devra être poursuivie, soit localement, entre le ou les Syndicats de chaque commune et la section du Parti, soit départementalement entre les Syndicats fédérés de chaque département et la Fédération départementale du Parti. »

Sur cette motion s'engagea une longue et chaude discussion. Il fut vite évident que la proposition ne rallierait pas la majorité. Ses auteurs se hâtèrent de l'amputer. Ils supprimèrent les deux derniers paragraphes qui lui donnaient sa véritable portée. Et, même après ce sacrifice, elle fut repoussée par 148 voix contre 130. Le congrès vota la motion déposée par Jaurès, au nom de la Fédération du Tarn. Il y était dit :

« Le Congrès, convaincu que la classe ouvrière ne pourra s'affranchir pleinement que par la force combinée de l'action politique et de l'action syndicale, par le Syndicalisme allant jusqu'à la grève générale et par la conquête de tout le pouvoir politique en vue de l'expropriation générale du capitalisme ;

« Convaincu que cette double action sera d'autant plus efficace que l'organisme politique et l'organisme économique auront leur pleine autonomie ;

« Prenant acte de la résolution du Congrès (syndical) d'Amiens, qui affirme l'indépendance du Syndicalisme à l'égard de tout parti politique et qui assigne en même temps au

Syndicalisme un but que le Socialisme seul, comme parti politique, reconnait et poursuit.

« Considérant que cette concordance fondamentale de l'action politique et de l'action économique du prolétariat amènera nécessairement, sans confusion, ni subordination, ni défiance, une libre coopération entre les deux organismes;

« Invite tous les militants à travailler de leur mieux à dissiper tout malentendu entre la Confédération du Travail et le Parti socialiste. »

Avec un appel obligé à l'union et de savantes périphrases pour ménager l'amour-propre des Guesdistes, c'était la consécration des décisions d'Amiens et le triomphe de la thèse syndicaliste. L'année suivante, au Congrès de Nancy, la question fut posée de nouveau. L'assemblée fut saisie de deux motions en sens contraire : l'une, émanant de la Fédération du Cher, reproduisait celle qui avait été votée à Limoges; l'autre, venant de la Fédération de la Dordogne, rééditait les propositions du groupe du Nord qui avaient été repoussées.

Ce fut l'occasion d'un grand tournoi oratoire. Hubert Lagardelle, Jules Guesde, Edouard Vaillant y prirent et y gardèrent longuement la parole. La discussion fut ardente, âpre même. On fit valoir toutes les raisons, on précisa les doctrines, on se livra à une critique passionnée des deux théories, on s'y dit des choses passablement désagréables, et les syndicalistes triomphèrent une fois de plus. Cent soixante-sept votants se prononcèrent en faveur de la résolution du Cher. Celle de la Dordogne n'en eut que cent quarante-et-un.

Depuis lors, les rapports ne sont devenus ni plus étroits, ni surtout plus cordiaux. La situation est demeurée la même : toujours également tendue. Ce n'est pas la paix armée, c'est véritablement la lutte. De plus en plus le Syndicalisme affirme son existence et redouble ses efforts. Il n'est pas encore le nombre, mais il est l'énergie et l'audace. Ses partisans sont en minorité dans les Congrès socialistes internationaux; ils l'ont même été dans des Congrès français récents, à Nîmes, par exemple, en 1910. Ils ne se découragent pas pour cela. Fiers des résultats obtenus, pleins de foi dans l'excellence de leur cause et l'efficacité des moyens qu'ils préconisent, ils regardent l'avenir avec confiance, se déclarent assurés du succès final et se proclament les seuls représentants logiques de l'idée socialiste. Ils donnent le mouvement qu'ils propagent comme la poussée hardie d'une classe jeune et conquérante, tirant tout d'elle-même, s'affirmant par des créations inédites et apportant au monde, selon le mot de Nietzsche, « une évaluation nouvelle des valeurs. »

VII. Phases par lesquelles a passé le Syndicalisme français depuis ses origines jusqu'à aujourd'hui.

Il résulte de ce qui précède que l'histoire du Syndicalisme français depuis ses origines jusqu'à nos jours peut se diviser en trois périodes assez distinctes. La première va de 1873 à 1885 environ; la seconde de 1885 à 1900; la troisième de 1900 à l'heure actuelle.

La première est caractérisée par la mainmise du Parti socialiste sur le mouvement syndicaliste. Les syndicats constitués au lendemain de la Commune sont très imprégnés de l'esprit corporativiste et mutualiste. L'idée collectiviste ne les a pas encore pénétrés, ou au moins pénétrés profondément. Les doctrines de Marx sont adoptées, soutenues et propagées surtout par les socialistes, qui ne se cantonnent pas, eux, dans les questions professionnelles, mais laissent leur action déborder dans la politique et s'appliquent à faire triompher, dans les divers Congrès ouvriers, leur conception de refonte sociale.

Formés en parti, ils poursuivent la conquête du Pouvoir, convaincus que ce n'est que tout autant qu'ils le posséderont, qu'ils pourront opérer la transformation attendue par le prolétariat. Ils s'appliquent à pénétrer dans les syndicats et à en prendre la direction. Ils y arrivent insensiblement et vient, vers 1885, un moment où ils les tiennent complètement en tutelle. Les Guesdistes veulent les transformer, avant tout, en comités électoraux chargés de fournir au Parti ses effectifs en hommes et en argent; ils se constituent leurs directeurs de conscience et affectent volontiers à leur égard des airs de supériorité et de protection. Ils entendent n'en faire qu'une simple fonction du Parti; par conséquent ne leur laisser qu'une indépendance et une autonomie purement nominales.

Les Possibilistes ne vont pas aussi loin. Ils accordent aux groupements ouvriers une certaine liberté et leur reconnaissent un certain droit d'initiative; mais ils s'appliquent, eux aussi, à les attirer dans leur sphère d'action et à s'en faire une clientèle qui assurera leur victoire sur les révolutionnaires.

Suivant l'état d'esprit dominant dans le groupement, les syndicats vont, les uns vers le Marxisme intransigeant, les autres vers le Réformisme conciliateur, mais tous s'acheminent résolument vers le Socialisme. Ils sont convaincus — on le leur a si souvent répété! — que le salut est là. Ils n'ont, d'ailleurs, pas de vue bien nette de ce qu'ils veulent et de ce qu'ils doivent faire pour donner satisfaction à leurs aspirations. Ils sont sans tactique arrêtée, sans plan préconçu, sans conception d'ensemble; les deux seules choses qui soient déjà très nettes dans leur esprit ce sont : le sentiment du besoin de s'unir pour se défendre et un instinct d'irréductible opposition à la classe bourgeoise qui les a « honteusement exploités ». Pendant les premières années ils acceptent ou subissent sans révolte la direction du Parti, mais bientôt, prenant conscience de leur force et arrivant à une notion plus claire de leur rôle, ils chercheront à secouer le joug que les politiciens leur ont imposé.

La seconde période, (1885-1900), est marquée par la réaction de la classe ouvrière contre l'influence déprimante de l'action politique sur les syndicats. Les militants s'impatientent d'être « tenus en lesse », ils entendent que le mouvement ait un caractère exclusivement ouvrier et ils veulent « farouchement » n'être menés que par des ouvriers. Ils commencent à se placer sur le terrain de classe et éprouvent, dès lors, une insurmontable répugnance à avoir une action concertée avec un Parti dont les membres appartiennent à toutes les catégories sociales. Ils s'efforcent de se dessolidariser d'avec lui ; ils proclament la nécessité d'arriver, à n'importe quel prix, à l'autonomie de pensée et de conduite.

Ces tendances séparatistes s'affirment et se propagent au sein des Bourses du Travail, elles se font jour dans les Congrès ouvriers et, dès 1890, il est facile de prévoir la rupture qui s'est dessinée, à Nantes, en 1894, et consommée, en 1906, à Amiens. Au Parti socialiste s'est substituée la Confédération Générale du Travail. A sa fondation, en 1895, elle prend la direction effective du mouvement ouvrier, elle l'a gardée depuis et les syndicats ont été affranchis de la lourde tutelle des politiciens. C'est à la conquête de leur indépendance qu'ils se sont, non pas exclusivement, mais courageusement employés durant la seconde période de leur histoire. A cette tâche ils ont apporté une indomptable tenacité.

En même temps qu'ils luttaient pour leur autonomie, ils consolidaient leurs cadres, régularisaient leur action, précisaient leur tactique, se créaient des moyens de lutte, disciplinaient leurs troupes, accentuaient la note révolutionnaire, affirmaient leur puissance, menaient de vigoureuses campagnes contre le patronat, multipliaient les mobilisations et donnaient au monde l'impression qu'un facteur nouveau venait de surgir avec lequel auraient à compter le capitalisme et l'Etat. Cette période féconde fut la période de libération extérieure en même temps que d'organisation intérieure et de formation de combat.

Durant la dernière période, (1900-1912), les syndicats, en même temps qu'ils se sont donné l'élan, l'énergie, l'éducation corporative, la combativité et la conscience qui pouvaient leur manquer encore, ont réagi contre la Démocratie, comme dans la période précédente ils avaient réagi contre le Socialisme orthodoxe. Ils n'ont pas plus voulu se laisser domestiquer par elle que par lui.

Le Pouvoir, vers 1900, s'efforce d'accaparer le mouvement syndicaliste. Pour s'emparer de cette force jeune et déjà inquiétante, il multiplie les manœuvres et recourt aux moyens les plus variés. Il espère arriver par la main-mise sur les organisations prolétariennes à opposer la classe ouvrière groupée économiquement à la classe ouvrière groupée politiquement, et, par la suite, devenir, grâce à une série de mesures législatives, le maître absolu de l'action syndicale. Ce fut le rêve de Waldeck-Rousseau très habilement secondé par Millerand. Mais les syndicalistes ne donnèrent pas dans le piège et refusèrent de tendre le cou au collier doré qu'on leur offrait.

Leurs militants dénoncèrent le danger ; on les écouta, on repoussa les avances gouvernementales, malgré ce qu'elles avaient de tentant, et il fut entendu parmi les travailleurs conscients que l'on défendrait l'autonomie syndicale, contre toute tentative d'accaparement faite par les Pouvoirs publics, avec une ardeur plus grande encore que celle que l'on avait déployée, quelques années plus tôt, pour sauvegarder une indépendance que le Parti socialiste prétendait confisquer à son profit.

C'est en réaction à ces essais répétés « d'apprivoisement » pratiqués par le Gouvernement autour des Bourses qu'est venu l'essor extraordinaire de la Confédération Générale du Travail. Il y eut une coalition d'Anarchistes, de Guesdistes, de Blanquistes, d'Allemanistes et d'éléments divers pour isoler complètement les syndicats du Pouvoir. Cette coalition de ce qu'il y avait dans le prolétariat de plus décidé, de plus énergique et de plus intransigeant s'est maintenue; elle a fourni au Syndicalisme son état-major de militants et imprimé au mouvement ouvrier une impulsion puissante. Elle lui a infusé une vie et donné des ardeurs qu'il ne possédait pas encore. On peut dire que c'est de cette époque que date la grande intensification et l'orientation actuelle du mouvement syndicaliste révolutionnaire.

Ce mouvement s'est traduit par des formes de lutte dont le caractère s'est précisé au fur et à mesure que la classe ouvrière agissait; il ne s'est pas déroulé suivant un plan arrêté d'avance; il n'a pas été commandé par des formules scientifiques ou conditionné par des conceptions aprioristiques; il a simplement consisté en une série d'efforts quotidiens, rattachés aux efforts de la veille, non par une continuité rigoureuse, mais par le seul souci de profiter des leçons de l'expérience, de se plier aux exigences des circonstances et de procurer, en dehors de tout dogmatisme d'école, la libération de la classe laborieuse.

On a dit, avec raison, que le Syndicalisme de la Confédération Générale du Travail est « en perpétuelle gestation ». Sa caractéristique essentielle, en effet, est une évolution constante. Il se modifie suivant le moment et suivant les besoins; il est avant tout vie et perfectionnement; il se forme en marchant; c'est une philosophie de l'action.

Après s'être soustrait à la tutelle du Parti socialiste et avoir rompu avec le Pouvoir qui lui faisait les avances les plus engageantes, il s'est affranchi de l'influence mauvaise de l'intellectuel déclassé, « du bachelier réfractaire, bouffi de prétentions et dupe lui-même de ses sophismes imbéciles, de l'arriviste effréné qui brûlerait Paris pour devenir conseiller municipal ». Il a pris ses chefs dans son sein, parmi les plus énergiques, comme il convenait pour une période de lutte et d'installation; malheureusement il ne les a pas pris parmi les esprits les plus pondérés et les plus mûrs. Ce sont presque tous d'anciens révolutionnaires qui ont conservé leurs préjugés, leurs violences et jusqu'à leur phraséologie de jadis. Ils se montrent peu aptes à faire l'éducation du prolétariat et à lui donner une organisation sérieuse.

Il serait à désirer, dans l'intérêt de la cause elle-même, que la direction passât en des mains moins intransigeantes, qu'elle se montrât plus sage, plus modérée, plus circonspecte. Cette modération et cette sagesse ne sont inconciliables ni avec la vigueur, ni avec la ténacité. Elles sont, au contraire, une manifestation de force, et de toutes les forces celle qui se possède est la plus redoutable. Le calme et la mesure, loin de briser l'élan ouvrier, en amplifieraient la portée et en augmenteraient les chances de succès. Puisqu'il se donne comme un mouvement entièrement neuf et qu'il se pique de n'employer que des armes forgées par lui, le Syndicalisme devrait bien à toutes les éliminations qu'il a déjà pratiquées joindre une élimination nouvelle : celle de procédés empruntés au plus mauvais socialisme.

VIII. **Conditions tout particulièrement favorables que le Syndicalisme a trouvées en France pour son éclosion et son développement.**

C'est en France, nous venons de le voir, que le Syndicalisme est né, en France qu'il s'est développé et de France qu'il a rayonné dans les autres pays où il a pénétré. Le fait ne doit pas être imputé au hasard, ni considéré comme un simple accident historique. Nous constituions un bouillon de culture exceptionnel. Il y avait comme une prédisposition du milieu et du caractère nationaux.

Le régime démocratique existe depuis longtemps chez nous, alors que chez nos voisins on n'en entrevoit pas même l'avènement. Nos ouvriers l'ont vu à l'œuvre et ont pu le juger à ses résultats. Ils n'ont pas tardé à se rendre compte que ce gouvernement populaire, qui avait été l'objet de leurs longs espoirs et pour l'établissement duquel ils avaient tant lutté, se montrait, à l'épreuve, absolument semblable aux gouvernements qui l'ont précédé, qu'il marchait sur leurs traces, s'inspirait de leurs procédés, continuait leurs errements et ne modifiait en rien les anciens rapports des classes. Ils ont compris qu'il n'y avait rien à attendre de la politique et des Pouvoirs, qu'ils ne devaient compter que sur eux-mêmes. Ils ont été, ainsi, amenés à rompre avec la Démocratie et à se retrancher dans leurs organisations. Par là, le Syndicalisme était fondé; les traditions révolutionnaires de notre pays se sont chargées de favoriser son développement et de lui donner l'allure guerrière qui le distingue.

Le naturel indépendant, décidé, généreux et frondeur du travailleur français ne pouvait que puissamment aider à l'extension du mouvement. Ce qui caractérise, chez nous, l'ouvrier, c'est qu'il est entreprenant, audacieux, qu'il aime la lutte et qu'il supporte difficilement tout ce qui ressemble à une sujétion ou à un joug. Rien ne l'arrête. Il se montre volontiers irrévérencieux à l'égard de l'autorité et de la hiérarchie. Devant un ordre du Pouvoir, tandis que le premier mouvement de l'ouvrier allemand, par exemple, est d'obéir, le premier mouvement de l'ouvrier français est de se révolter. Il faut qu'il critique, qu'il proteste et même que, de temps en temps, il s'insurge. Avant de faire un geste il ne se demande pas si la loi le permet ou non. Il commence par le faire, et ainsi il va comme naturellement à l'action directe, c'est-à-dire à l'action personnelle des travailleurs, s'exerçant en dehors de toute considération légalitaire et de toute autorisation d'en-haut.

Notre tempérament national nous prédisposait à l'indulgence et même à une certaine sympathie à l'égard du mouvement syndicaliste. Nous sommes le peuple le plus idéaliste du monde, l'inquiétude éternelle du mieux nous agite, nous aimons les « longs espoirs et les vastes pensers », tout ce qui parait grand, noble, hardi, généreux nous séduit et nous attire, même quand c'est exagéré et imprudent. Il y a quelque chose de bien français, a-t-on pu dire, jusques dans les erreurs, les entrainements et les paradoxes du Syndicalisme. Nous y retrouvons un abrégé de nos qualités et aussi de nos défauts de race. Tout cela explique ses rapides progrès chez nous et en fait comme un produit de notre sol.

IX. État du Syndicalisme dans les autres grands pays de l'Europe.

1° En *Italie*, le Syndicalisme est déjà implanté. S'il a pu y jeter ses premières racines, c'est parce que ce pays, comme le nôtre, a des origines révolutionnaires et que les idées démocratiques y ont fait plus de chemin qu'ailleurs. Il y a une vingtaine d'années que le Socialisme fit son apparition dans le Nord de la Péninsule, où il existe une vie capitaliste très intense et où par conséquent on se trouvait mieux préparé à l'accueillir.

Il se modela d'abord sur le patron de la *Social-Démocratie* allemande. Après avoir été en butte aux vexations de Crispi et aux persécutions de plusieurs de ses successeurs, il entra dans la majorité gouvernementale lors de l'arrivée au pouvoir de Zanardelli. Ses députés se ministérialisèrent, comme leurs collègues de France, et si l'un d'eux, Turati, n'accepta pas le portefeuille que lui offrait Giolitti devenu président du Conseil, ce ne fut pas pour des raisons de principe qu'il refusa, mais seulement par convenance personnelle et opportunisme de parti.

La fraction avancée désapprouva ces compromissions dans lesquelles elle voyait une abdication et une domestication. Elle se sépara des parlementaires et, mettant largement à profit les expériences et les enseignements de notre Confédération Générale du Travail, elle tenta, dans les limites du possible et avec les nécessaires tempéraments suggérés par les exigences du milieu, de transplanter dans son pays les principes et la tactique du Syndicalisme français. La grève générale de 1904, qui fut une magnifique manifestation de discipline, de cohésion, de sentiment révolutionnaire, permit de se rendre compte des résultats obtenus.

Depuis lors, le fossé s'est encore creusé entre politiciens et syndicalistes. Ceux-ci ne sont, jusqu'ici, qu'une infime minorité, mais ils comptent dans leurs rangs tout ce que le Socialisme italien possède de plus décidé et de plus militant. Il se modèlent sur nos confédérés, comme leurs devanciers s'étaient modelés sur les social-démocrates d'Outre-Rhin.

2° L'*Allemagne* n'a pas encore de Syndicalisme révolutionnaire. Elle compte beaucoup de syndiqués, les voix socialistes atteignent aux élections le chiffre énorme de plus de quatre millions, et, pourtant, le mouvement qui agite notre pays s'est à peine fait sentir chez elle. Cela tient à des causes multiples.

Parmi ces causes il faut signaler l'absence des libertés potitiques dont la très lente conquête absorde l'activité du prolétariat et ne lui laisse ni le temps, ni les moyens de s'occuper de son organisation révolutionnaire sur le terrain de classe.

Il faut signaler aussi l'insuffisante évolution des institutions sociales. « Nous ne sommes même pas dominés, disait Robert Michels dans le discours qu'il prononçait à la salle de la Société de Géographie de Paris, le 3 Avril 1907, nous ne sommes même pas dominés par la bourgeoisie commerciale et industrielle, la classe type du système capitaliste ; mais par des hordes à demi-barbares de hoberaux, expressions survivantes d'un régime pré-capitaliste et féodal. L'Allemagne d'aujourd'hui ressemble encore, *mutatis mutandis*, à la France de l'ancien régime. »

Il faut signaler encore l'organisation bureaucratique, hiérarchisée et pesante que le prolétariat allemand s'est donnée au début et qu'il garde toujours, organisation qui s'harmonise mal avec l'esprit d'initiative et les allures indépendantes du Syndicalisme révolutionnaire.

Il faut signaler, enfin, l'éducation, les habitudes et le tempérament des ouvriers d'Outre-Rhin. Ils ont le fétichisme de l'autorité, le besoin d'obéissance, l'amour immodéré de la modération, la crainte des aventures, la peur des responsabilités et des initiatives, le respect de l'ordre et le culte de la hiérarchie. Ils sont fortement, mais lourdement embrigadés. Tout acte, chez eux, est longuement prémédité et mûrement réfléchi. Ils pèsent le pour et le contre, voient si c'est permis ou défendu et, à trop réfléchir, ils finissent par ne pas entreprendre grand chose. Leurs qualités et leurs défauts sont aux antipodes de ceux qui font le bon syndicaliste.

Cependant, quoiqu'il n'y ait pas encore réellement, en Allemagne, de mouvement syndicaliste révolutionnaire, la Social-Démocratie est, depuis plusieurs années, traversée par une crise profonde. Plusieurs de ses membres désapprouvent sa tactique indécise, légalitaire, prudente et parlementaire; ils l'accusent de méconnaitre le véritable esprit marxiste. Ils sont à peine 20.000; on les tolère difficilement et, jusqu'à présent, leur action a été sans influence sérieuse sur la grande masse des travailleurs.

3° L'*Angleterre* est, elle aussi, demeurée réfractaire aux idées syndicalistes. Enlisée dans le Trade-Unionisme, c'est-à-dire dans le corporatisme conservateur, elle a peu goûté les théories de nos révolutionnaires. Ses ouvriers se sont toujours préoccupés des réalisations immédiates beaucoup plus que des transformations à longue échéance. Ils ne cherchent pas à renouveler la face de la terre; ils désirent simplement améliorer leur sort et se faire dans la société actuelle une place plus commode. Ils se piquent d'être essentiellement positifs et pratiques. Ils entendent ne pas lâcher la proie pour l'ombre.

Pour eux, le souci des intérêts particuliers passe avant celui des intérêts généraux de la classe. Satisfaits des résultats matériels qu'ils ont obtenus, ils désirent ne pas changer de tactique. Ils ne se sentent aucun goût pour les révolutions, ils préfèrent bonifier que détruire et laissent à nos idéalistes le soin de poursuivre le rêve d'une réorganisation fondamentale de la société. Ce sont des pacifistes ; ils ont un tempérament de bourgeois, ils ne sont pas faits pour les belles batailles et les rudes luttes auxquelles convie le Syndicalisme [1].

4° La *Russie*, encore si arriérée par tant de côtés, est plus avancée que l'Angleterre et

1. En Grande Bretagne, les ouvriers sont groupés en trois organisations démocratiques : le *Labour Parti*, les *Trade-Unions*, le *Mouvement Coopératif*. Au point de vue de leurs membres ces organisations ne sont pas exclusives l'une de l'autre. Il y a des travailleurs qui font partie des trois, d'autres de deux, beaucoup d'une seule.

Le *Labour Parti* est une organisation politique et socialiste, il cherche par le moyen de la représentation au Parlement à réaliser un nombre plus ou moins grand de changements profonds dans la législation nationale et cela dans l'intérêt de l'ouvrier. Il est imbu d'idées marxistes et a une incontestable tendance au socialisme d'Etat. — Les *Trade-Unions* sont des associations de tra-

même peut-être que l'Allemagne au point de vue syndicaliste. Chez elle, le mouvement révolutionnaire fut d'abord le fait de quelques cercles de propagandistes ou de quelques groupes de conspirateurs dont beaucoup venaient de la bourgeoisie. Il s'est étendu, peu à peu, aux masses ouvrières, ce qui lui a imprimé une orientation nouvelle. Les grandes grèves des industries textiles, en 1895 et 1896, la grève générale révolutionnaire d'Octobre 1905 ont révélé sa puissance. Cette force naissante semble prendre une allure et des proportions présageant un rôle considérable dans les luttes qui décideront de l'avenir du prolétariat moscovite.

L'idéalisme slave et les traditions révolu-

vailleurs appartenant aux divers métiers et industries; elles poursuivent l'assistance mutuelle pendant la maladie, les chômages, les grèves et autres éventualités du même genre, la réglementation et l'augmentation des salaires, la diminution des heures de travail, l'amélioration du sort de la classe laborieuse par le groupement et l'action en commun. — Le *Mouvement coopératif* cherche, parmi d'autres objets, à abaisser le prix des choses nécessaires ou utiles à la vie, à encourager l'épargne en la facilitant, à unifier et à harmoniser les intérêts du capital et du travail par un commun effort de bonne volonté et d'entente inspiré par le *self-help*.

tionnaires nées du nihilisme constituent des conditions exceptionnellement favorables pour la propagation des idées syndicalistes. Les Russes se sont mis à notre école, leurs militants s'inspirent des doctrines et des méthodes de notre Confédération Générale du Travail, ils bénéficient des expériences comme des tâtonnements de la partie organisée de notre prolétariat et s'efforcent d'arriver au but en brulant le plus possible des étapes successives auxquelles, au début, s'est arrêté le Socialisme français.

5° Ces étapes la *Belgique* est en train de les parcourir ; elle fait toujours du socialisme parlementaire et n'a pas, d'une manière générale, encore renoncé à opérer la refonte des institutions existantes par voie purement législative ; mais les rapports entre son prolétariat et le nôtre sont trop fréquents, ses ouvriers ont trop de similitude d'éducation, de tempérament et d'aspirations avec nos ouvriers, pour que l'idée syndicaliste ne fasse pas vite son chemin sur son sol. Aucun ne semble mieux préparé à la recevoir.

Le Syndicalisme est donc un mouvement d'origine et d'exportation françaises. Sur ce point, comme sur beaucoup d'autres, nous avons été des précurseurs. Il y a eu un rayonnement qui s'est fait de notre pays dans les pays voisins, où l'on arrive peu à peu « à la lumière syndicaliste ». Ce travail de pénétration est en très grande partie l'œuvre de la Confédération Générale du Travail dont il sera utile d'indiquer l'organisation et le fonctionnement avant d'aborder l'étude proprement dite des doctrines qui lui sont redevables, pour beaucoup, de leur surprenante propagation.

CHAPITRE II

LA CONFÉDÉRATION GÉNÉRALE DU TRAVAIL PRINCIPAL FOYER DE LA PROPAGANDE SYNDICALISTE

I. Origine de la Confédération Générale du Travail. — II. Son but. — III. Son origine. — IV. Ses ressources et son budget. — V. Ses congrès. — VI. Son double courant.

I. Origine de la Confédération Générale du Travail.

En 1892, se tenait à Saint-Etienne le premier Congrès des Bourses du Travail ; sous l'action de Fernand Pelloutier on y décida leur fédération. Cette *Fédération des Bourses du Travail*, qui groupa dès le début 14 Bourses, fut constituée dans une pensée d'opposition non dissimulée à la *Fédération nationale des Syndicats ouvriers*, dont nous avons déjà parlé et à laquelle on reprochait d'être trop inféodée au Parti socialiste, trop sous la coupe des politiciens, trop préoccupée des luttes électorales et pas assez exclusivement soucieuse d'organiser la lutte de classe, qui seule peut assurer le triomphe du prolétariat sur les forces capitalistes.

Un antagonisme, qui profitait de toutes les occasions pour se manifester, s'établit aussitôt entre les deux organisations. La rupture, comme il a été dit plus haut, devint complète, deux ans après, en 1894, au Congrès de Nantes où Guesde et les politiciens eurent le dessous et où, malgré une opposition désespérée de leur part, la Fédération des Bourses, à la suite d'un rapport de M. Aristide Briand, fit acclamer le principe de la *Grève générale révolutionnaire*.

L'année suivante, en 1895, le Congrès qui se tint à Limoges vota, après d'ardentes discussions et à une très forte majorité, la motion suivante : *A l'avenir les éléments constituant la Confédération devront se tenir en dehors de toutes les écoles politiques*. C'était la condamnation de l'esprit et des pratiques de la

Fédération nationale des Syndicats ouvriers, qui ne tarda pas à se dissoudre et à faire place à une fédération nouvelle d'industries ou de métiers, laquelle prit le nom de *Confédération Générale du Travail*.

Jusqu'à 1902. elle exista à côté de la *Fédération des Bourses du Travail*. Elle eut avec elle des conflits nombreux et, pendant sept ans, elle ne fit que végéter assez pauvrement, tandis que, sous l'active et presque fiévreuse impulsion de Pelloutier, la *Fédération des Bourses* prenait une importance tous les jours plus grande et exerçait une action tous les jours plus considérable.

Ce dualisme ne pouvait qu'être funeste à la cause prolétarienne. Les chefs du Syndicalisme s'appliquèrent à le faire disparaître en amenant un rapprochement entre les deux groupements. Leurs efforts furent couronnés de succès. En 1902, les Bourses dans leur Congrès à Alger, la Confedération Générale du Travail dans celui qu'elle tint à Montpellier, votèrent l'*unité ouvrière*. Il fut décidé qu'à l'avenir, tout en restant sections distinctes, elles ne formeraient qu'une seule association qui s'appellerait *Confédération Générale du Travail.* Ainsi se trouva constituée la Confédération telle qu'elle existe actuellement.

Elle commença à fonctionner le 1er Janvier 1903. Elle se livra immédiatement à une très active propagande, devint vite une force redoutable et créa une agitation qui fut aussi profonde qu'avait été superficielle celle de la première Confédération Générale.

II. But de la Confédération Générale du Travail.

Il est indiqué à la première page des Statuts dont l'article premier est ainsi formulé :

La Confédération Générale du Travail régie par les présents Statuts a pour but :

1° *Le groupement des salariés pour la défense de leurs intérêts moraux et matériels, économiques et professionnels.*

2° *Elle groupe, en dehors de toute école politique, tous les travailleurs conscients de la lutte à mener pour la disparition du Salariat et du Patronat.*

Nul ne peut se servir de son titre de Confédéré ou d'une fonction de la Confédération dans un acte électoral politique quelconque. »

Le but poursuivi est donc bien net : grouper les forces exclusivement ouvrières, les discipliner et les lancer à l'assaut des institutions économiques actuelles. La suppression du salariat et du patronat, telle est la fin à atteindre. Si dans la lutte journalière la Confédération essaie d'arracher des améliorations partielles, elles ne doivent pas, dans l'esprit de ses dirigeants, faire perdre de vue aux travailleurs le but final, elles ne doivent servir qu'à accroître leur force de résistance et augmenter leur moyens de combat.

La Confédération Générale du Travail, en effet, est essentiellement un organisme de *lutte de classe*. Pour en faire partie, il faut vivre de son salaire, travailler pour le compte d'autrui, appartenir à la catégorie des « exploités louant leur force-travail » et être prêt à tous les sacrifices pour arriver à la complète émancipation de la classe laborieuse par la résistance irréductible à l'exploitation patronale.

III. Organisation de la Confédération Générale du Travail.

« L'organisme confédéral, pour employer les expressions mêmes d'un des membres les plus influents de la Confédération [1], est essentiellement *fédéraliste*. A la base, il y a le Syndicat, qui est un agglomérat de travailleurs; au second degré, il y a la Fédération des Syndicats et l'Union des Syndicats; puis, au troisième et dernier degré, il y a la Confédération Générale du Travail, qui est un agglomérat de Fédérations et d'Unions de Syndicats. » Le syndicat ouvrier est donc la cellule-mère de la Confédération [2].

1. Emile Pouget, *La Confédération Générale du Travail*, p. 4.

2. Le syndicat, tel que le conçoivent les dirigeants du mouvement fédéraliste, n'est pas un simple groupement de travailleurs unis pour s'entr'aider et se défendre; il est avant tout un *instrument de lutte de classe*, une organisation de combat contre le patronat. Pour s'en rendre compte il n'y a qu'à jeter un coup d'œil sur les statuts-types que la Confédération Générale du Travail a édités et qu'elle impose à ses adhérents.

« Considérant, y est-il dit, que par sa seule puissance

L'article 5 de la loi du 21 mars 1884 permettait aux syndicats de se fédéraliser. Usant de ce droit les syndicats ouvriers se groupèrent presque partout. Ils se groupèrent de deux façons *localement* et *professionnellement*.

Localement : Les divers syndicats existant dans une même ville ou une même région, à quelque métier ou industrie qu'ils appartin-

le travailleur ne peut espérer réduire l'exploitation dont il est victime ;

« que, d'autre part, ce serait s'illusionner que d'attendre notre émancipation des gouvernants, car — à les supposer animés des meilleures intentions à notre égard — ils ne peuvent rien de définitif, attendu que l'amélioration de notre sort est en raison directe de la décroissance de la puissance gouvernementale ;

« Considérant que, de par les effets de l'industrie moderne et de l'appui logique que procure le pouvoir aux détenteurs de la propriété et des moyens de production, il y a un antagonisme permanent entre le Capital et le Travail ;

« Que, de ce fait, deux classes bien distinctes et irréconciliables sont en présence : d'un côté, ceux qui détiennent le Capital ; de l'autre, ceux qui sont les créateurs de toutes les richesses, puisque le Capital ne se constitue que par un prélèvement effectué au détriment du Travail ;

« Pour ces raisons, les Prolétaires doivent donc se faire un devoir de mettre en application l'axiome de l'*Internationale* : « L'ÉMANCIPATION DES TRAVAILLEURS NE PEUT ÊTRE L'ŒUVRE QUE DES TRAVAILLEURS EUX-MÊMES » ;

« Considérant que pour atteindre ce but, de toutes les

sont, se réunirent et formèrent ce qu'on appela les *Bourses du Travail* et les *Unions de Syndicats*. Chaque syndicat fédéré nomme un ou plusieurs délégués, et ces délégués, dont les fonctions sont gratuites et le mandat toujours révocable, forment un conseil d'administration qui assure le fonctionnement de tous les services de ces organismes locaux [1].

formes de groupements le Syndicat est la meilleure, attendu qu'il est un groupement d'intérêts coalisant les exploités devant l'ennemi commun : le capitaliste; que par cela même il rallie dans son sein tous les producteurs de quelque opinion ou conception philosophique, politique ou religieuse qu'ils se réclament ;

« Considérant également que, si le Syndicat se cantonnait dans un isolement regrettable, il commettrait fatalement — toutes proportions gardées — la même erreur que le travailleur isolé et qu'il manquerait ainsi à la pratique de la solidarité; il y a donc nécessité que tous les producteurs s'unissent d'abord dans le Syndicat, et ce premier acte réalisé, complétant l'œuvre syndicale en faisant adhérer leur Syndicat à leur Fédération locale ou Bourse du travail et par le canal de leur union nationale à la Confédération Générale du Travail.

« A cette condition seulement, les travailleurs pourront lutter efficacement contre leurs oppresseurs jusqu'à complète disparition du Salariat et du Patronat. »

1. Les groupements locaux se sont constitués, en beaucoup d'endroits, avec les encouragements et même avec l'appui des municipalités, qui, avec une arrière-pensée politique et pour s'en faire des clients, ont donné locaux

Professionnellement : A côté du groupement syndical local, s'est formé et s'est développé le groupement syndical corporatif. Les syndicats de même industrie ou de professions similaires, répandus dans les diverses parties du territoire français, se sont unis entr'eux pour former des *Fédérations Corporatives Nationales*. Il y a : la Fédération du Livre, la Fédération du Bâtiment, la Fédération de l'Alimentation, la Fédération des Cheminots, la Fédération de la Métallurgie et bien d'au-

et subventions à ces agglomérats de syndicats. Ceux-ci ne se sont pas considérés comme liés par les subsides reçus. Ils ont affecté une grande indépendance et ont suivi leur voie sans se préoccuper si leur action causait ou non un préjudice électoral au personnel politique de l'Hôtel de Ville.

Par rancune et dépit, nombre de municipalités sont parties en guerre contre les Bourses du Travail, leur refusant tout secours ou ne leur accordant des subventions qu'à des conditions jugées inacceptables par les travailleurs. Ceux-ci tendent de plus en plus à se libérer de tout subventionnisme et s'installent, toutes les fois qu'ils le peuvent, dans des locaux à eux. Ils ne veulent plus d'une tutelle qui gêne leurs mouvements et ne s'exerce qu'au détriment de leur liberté d'action. Les *Bourses du Travail* font peu à peu place à des *Unions locales de Syndicats* absolument autonomes et n'entretenant aucun rapport avec les municipalités; pas plus avec les municipalités socialistes, qu'avec les radicales et les réactionnaires.

tres encore, puisqu'on en compte plus de soixante.

Chacune de ces Fédérations est administrée, comme les Bourses du Travail, par un Conseil composé des délégués des syndicats affiliés. Il y a un délégué par syndicat. Le même syndicat est presque toujours affilié et à la Bourse du Travail ou à l'Union des Syndicats du lieu où il est établi et à la Fédération nationale de la profession. Régulièrement même, il doit en être toujours ainsi. On donne le nom de syndicat « boiteux » à celui qui n'appartient qu'à l'un ou à l'autre des deux groupements.

La *Confédération Générale du Travail* n'est autre chose que le groupement des Bourses du Travail ou des Unions locales et des Fédérations nationales corporatives. Voici ce qui est dit à l'article 2 de ses statuts :

« La Confédération Générale du Travail est constituée par :

1° Les Fédérations nationales d'industrie et les Syndicats nationaux d'industrie. Elle admet les Syndicats dont les professions ne sont pas constituées en Fédération d'industrie ou dont la Fédération n'est pas adhérente à la Confédération Générale du Travail. Les organisations adhérentes à la Confédération antérieurement continueront à fonctionner ; les Syndicats admis seront groupés par Fédérations d'industrie, lorsqu'ils seront au nombre de trois, s'ils ne se rattachent pas à une Fédération existante.

2° Les Bourses du Travail considérées comme Unions locales ou départementales ou régionales de corporations diverses et sans qu'il y ait superfétation. »

L'article 3 ajoute :

« Nul Syndicat ne pourra faire partie de la Confédération s'il n'est fédéré nationalament et adhérent à une Bourse du Travail ou à une Union de Syndicats locale, ou départementale ou régionale de corporations diverses.

« Toutefois, la Confédération Générale du Travail examinera le cas des Syndicats qui, trop éloignés du siège social de leur Union locale ou départementale ou régionale demanderont à n'adhérer qu'à l'un des groupements nationaux cités à l'article 2. »

Chaque organisation adhérente à la Confédération Générale du Travail y est représentée par un délégué. L'ensemble de ces délégués des Bourses et des Fédérations constitue le *Comité Confédéral*. Pour éviter le trop grand nombre de délégués, chacun de ceux-ci peut représenter trois organisations, mais pas davantage. Il dispose d'autant de voix, dans les délibérations, qu'il représente d'organisations. Il est tenu d'assister régulièrement aux séances du Comité.

La Confédération Générale du Travail se divise en deux sections autonomes : la section des Fédérations d'industrie, de métier et des Syndicats isolés ; la section de la Fédération des Bourses du Travail. Chacune des deux sections, absolument indépendante de l'autre. a ses attributions précises [1], son budget propre,

1. Les attributions des deux sections sont ainsi fixées dans les Statuts de la Confédération Générale :

ART. 7. « La Section des Fédérations d'industrie, de métier et des Syndicats isolés a pour objet d'entretenir des relations entre les Fédérations d'industrie et de métier pour coordonner l'action de ces organisations et de prendre toutes les mesures nécessaires pour soutenir l'action syndicale sur le terrain de la lutte économique ; de créer et de provoquer la création de Fédérations d'industrie et de métier, et de grouper en branches d'industrie ou de

ses réunions particulières, son bureau à elle. Ce bureau est composé d'un secrétaire, d'un secrétaire-adjoint, d'un trésorier, d'un trésorier-adjoint et d'un archiviste. La réunion des délégués prend le nom, suivant la section, de *Comité des Fédérations d'Industrie* ou de *Comité de la Fédération des Bourses du Travail.*

métier les Syndicats de même profession ou de même industrie, pour lesquels il n'existe aucune Fédération.

« Elle décide à adhérer aux Bourses du Travail les syndicats de ces organisations qui en sont en dehors... »

Art. 10. « La section des Bourses du Travail a pour objet d'entretenir des relations entre toutes les Bourses, dans le but de coordonner et de simplifier le travail de ces organisations, de créer ou de provoquer la création de nouvelles Bourses ou Unions de Syndicats divers dans les centres, villes ou régions qui en sont dépourvus; de décider les Syndicats de ses organisations non fédérés par métier ou par industrie, à adhérer à leur Fédération respective.

« Elle adresse périodiquement, avec les renseignements fournis par les Bourses du Travail ou toute autre organisation syndicale, des statistiques de la production en France, de la consommation, du chômage, des statistiques comparées des salaires et du coût des vivres par région, ainsi que du placement gratuit qu'elle généralise aux travailleurs des deux sexes et de tous corps d'état.

« Elle surveille avec attention la marche de la juridiction ouvrière pour en signaler les avantages et les inconvénients aux organisations confédérées.

« Elle s'occupe de tout ce qui a trait à l'administration syndicale et à l'éducation morale des travailleurs. »

A la Confédération Générale du Travail existent trois commissions permanentes : la *Commission du Journal ;* la *Commission des Grèves et de la Grève générale :* la *Commission de Contrôle.* Chacune de ces Commissions est composée de douze membres pris à raison de six par section. Un des membres est élu secrétaire. Il est chargé de convoquer la Commission, de rédiger les procès-verbaux et d'assurer le fonctionnement régulier des services.

A la *Commission du Journal* incombe le soin d'assurer la rédaction, l'impression et la diffusion de *La Voix du Peuple*, organe officiel de la Confédération. La *Commission de Contrôle* a pour mission de veiller à la bonne gestion financière des divers services de la Confédération. La *Commission des Grèves et de la Grève générale* est établie pour étudier le mouvement des grèves dans tous les pays, pour recueillir les souscriptions de solidarité et en assurer la répartition aux intéressés, pour faire pénétrer dans l'esprit des travailleurs organisés la conviction que la grève générale est possible et même nécessaire. Elle envoie aux organisations en grève, qui en font la demande, des camarades pour soutenir leur action.

La réunion des secrétaires et des secrétaires-adjoints des deux Sections, du secrétaire de chaque Commission et du trésorier forme le *Bureau confédéral*, qui, dans les cas urgents, peut prendre telles décisions que comporte la situation, sauf à les faire ratifier ensuite par la Section ou par la Commission dont le cas relève. Le secrétaire de la Section des Fédérations d'Industrie a le titre et remplit les fonctions de *Secrétaire général* de la Confédération. Son rôle est capital. I [illegible] cheville-ouvrière de la Confédération.

Le *Comité confédéral*, formé par la réunion des deux sections, se réunit tous les trois mois pour permettre à chaque section d'exposer les observations qu'elle peut avoir à présenter et les modifications qu'elle a à proposer dans l'intérêt supérieur du prolétariat organisé. Il peut se réunir extraordinairement, en cas de besoin et d'urgence, sur convocation du Bureau. Il est l'éxécuteur des décisions des Congrès nationaux, il intervient dans tous les événements intéressant la classe ouvrière et prononce sur tous les points d'ordre général.

« A la Confédération viennent aboutir tous les organismes fédératifs de la classe ouvrière ; c'est là qu'ils entrent en contact et c'est là que s'unifie et se généralise l'action économique du prolétariat. Mais, il ne faut pas s'y tromper : la Confédération n'est pas un organisme de direction, mais un organisme de coordination et d'amplification de l'action révolutionnaire de la classe ouvrière ; elle est donc tout le contraire des organismes démocratiques qui, par leur centralisation et leur autoritarisme étouffent la vitalité des unités composantes. Ici, il y a cohésion et non centralisation, impulsion et non direction. Le Fédéralisme est partout et, à chaque degré, les organismes divers, — l'individu, le syndicat, la Fédération ou la Bourse du Travail, — sont tous autonomes. C'est là ce qui fait la puissance rayonnante de la Confédération, l'impulsion ne vient pas d'en haut, elle part d'un point quelconque et ses vibrations se transmettent, en s'emplifiant, à la masse confédérale [1]. »

IV. Ressources et budget de la Confédération Générale du Travail.

L'article 26 des Statuts dit :

« Pour permettre à la Confédération d'assurer ses divers services. les organisations confédérées sont tenues de verser des cotisations comme suit :

1° Les Bourses du Travail ou Unions de Syndicats divers : 35 centimes par syndicat les constituant et par mois ;

2° Les Fédérations d'industrie, de métiers et les Syndicats nationaux : 40 centimes par cent membres ou fraction de cent membres et par mois ;

3° Les Syndicats isolés : 5 centimes par membre et par mois. »

1. Emile Pouget, *La Confédération Générale du Travail*, p. 23. Il est inutile de faire remarquer que plus d'un passage de cette citation appellerait des réserves considérables.

Au Congrès des Bourses du Travail de 1909, il fut décidé que, à l'avenir, les Bourses et Unions verseraient 5 centimes par membre et par an, et que la cotisation des Fédérations d'Industrie serait portée de 40 à 60 centimes par cent membres et par mois. Le Congrès d'Amiens avait, en 1906, arrêté que les organisations verseraient une sur-cotisation d'un dixième de leur cotisation statutaire pour assurer un budget spécial et autonome à la Commission des Grèves et de la Grève générale.

Statutairement, est également autonome le budget du Journal et celui de chacune des deux Sections. Lorsque le Comité Confédéral, les deux Sections réunies, vote une dépense d'intérêt général, cette dépense est supportée moitié par chacune des deux Sections.

Toute organisation en retard de trois mois pour le versement de sa cotisation reçoit une lettre d'avis et, si elle ne s'exécute pas, elle est considérée comme démissionnaire. Si, plus tard, elle demande à être réadmise dans le sein de la Confédération, elle est tenue d'acquitter tous les termes de sa cotisation écoulés depuis son dernier versement. Les cotisations versées par les organisations démissionnaires ou radiées demeurent acquises à la Confédération. Les sommes ainsi versées ne sont pas énormes et le budget des deux Sections est plutôt modeste [1]. Il suffit pourtant pour assurer la vie et le fonctionnement du puissant

1. Les recettes de la Section des Bourses et des Unions n'arrivent pas à 10.000 francs. Celles de la Section des Fédérations d'Industrie sont un peu plus considérables; elles atteignent à peine, cependant, 15.000 francs. « Mais on aurait tort de vouloir évaluer, ainsi que le fait avec quelque exagération remarquer E. Pouget, l'influence et la puissance confédérales d'après ses ressources. Il serait inexact de prétendre que, pour elle, l'argent est le nerf de la guerre. Elle a une force d'expansion qui ne se jauge pas financièrement; d'elle émane un incomparable élan révolutionnaire et elle est un si vivifiant foyer d'action que l'influence exercée et la besogne accomplie sont hors de toute proprotion avec ses ressources pécuniaires.

« Ce budget n'a d'ailleurs pas d'autre destination que de faire face aux nécessités administratives et aux besognes de propagande; il n'est pas un budget de solidarité. Quand une grève surgit, la Confédération apporte son appui moral, envoie des délégués sur le champ de grève, canalise l'effort de solidarité syndicale, mais ne fournit pas directement de subsides. Cette fonction est normalement remplie par les Fédérations corporatives qui, la plupart, assurent des secours aux grévistes : soit avec leurs fonds de caisse spéciale de grève, soit par une cotisation supplémentaire prélevée sur tous les fédérés. » (*La Confédération Générale du Travail*, pp. 29 et 30.)

organisme qu'est la Confédération Générale du Travail.

V. Les Congrès de la Confédération Générale du Travail.

La Confédération organise, tous les deux ans, au mois de Septembre, un *Congrès national du Travail* auquel sont invitées à prendre part les organisations affiliées à la Confédération. L'ordre du jour de ces réunions est arrêté par le Comité Confédéral et adressé, au moins trois mois à l'avance, aux organisations confédérées.

Ne peuvent assister au Congrès que les organisations qui ont rempli leurs obligations financières envers la Confédération et qui sont confédérées depuis trois mois au moins. Chaque organisation est représentée par un délégué et chaque délégué ne peut représenter que dix organisations au maximum. Les délégués des unités syndicales ont seuls voix délibérative. Les décisions sont prises à la majorité des votants. Le Comité Confédéral est chargé d'en assurer l'exécution. Il est chargé pareillement de publier le compte-rendu des travaux du Congrès.

Dans le but d'arriver à une entente internationale du travail, des relations sont entretenues avec les organisations ouvrières et les Bourses du Travail des autres pays. La Confédération est affiliée au *Secrétariat International Corporatif*.

VI. Deux courants contraires au sein de la Confédération Générale du Travail.

Au sein de la Confédération existent deux courants très tranchés : le courant *réformiste* et le courant *révolutionnaire* ou parti des libertaires. La division est profonde entre les deux fractions. Dans tous les Congrès, ce sont des luttes intestines, des apostrophes véhémentes et même des injures.

Les révolutionnaires ne sont pas les plus nombreux, mais ils crient le plus fort. Ils s'affirment en toute circonstance, ils interviennent avec violence, se poussent pour accaparer la direction du mouvement et donnent ainsi l'illusion qu'ils forment la majorité, alors que leurs adversaires leur reprochent de n'être qu'une infime minorité qui veut imposer à toute la classe ses idées et ses procédés.

Syndicalistes révolutionnaires et syndicalistes réformistes poursuivent les uns et les autres, au sein de la Confédération, la libération du prolétariat. Les uns et les autres, tendent à l'abolition du salariat et à la substitution de l'atelier socialiste à l'atelier capitaliste, mais ils n'ont pas la même conception des moyens à employer pour arriver à la victoire. Chacun conçoit l'évolution sociale à sa manière,

« Au fond, comme le dit dans le *Mouvement Socialiste* de Juillet-Août 1909 M. Olivetti, il y a un conflit de deux méthodes absolument divergentes et antithétiques de concevoir le devenir social : d'un côté, c'est une conception étroitement juridique ; de l'autre une conception entièrement dynamique. Les uns se placent délibérément sur le terrain de la société actuelle et de ses institutions ; les autres sur le terrain du programme révolutionnaire de la classe ouvrière. Les réformistes partant d'une conception éthique de l'État, aboutissent à la philanthropie démocratique, ce qui les rapproche des socialistes de la chaire et les identifie presque avec eux. Les révolutionnaires concluent à la destruction du capitalisme, en s'appuyant sur la conception marxiste du caractère de classe; en l'espèce, du caractère bourgeois de l'État... Édition nouvelle de deux formes de pensées vieilles comme le monde, d'un conflit éternel entre deux façons de comprendre l'application de l'énergie humaine à la pratique et à la direction de la pensée philosophique et morale. »

Les syndicalistes réformistes plus soucieux de réalisations pratiques que de luttes stériles ont plusieurs fois manifesté qu'ils étaient lassés des virulences de parole et de geste des militants révolutionnaires. Il y a quelques années, pour montrer leur volonté de donner une orientation moins violente au Syndycalisme, ils élisaient L. Niel, comme secrétaire général de la Confédération Générale du Travail, à la place du libertaire Griffuelhes ; mais Niel rencontra une telle opposition que, quelques mois plus tard, le 26 mai 1909, il dût résilier ses fonctions, après avoir, comme il le dit lui-même, « enduré injures, menaces et même violences[1]. »

La rivalité a atteint de telles proportions qu'on s'est demandé dans le camp réformiste si, à l'exemple des « cheminots de l'Est », on ne sortirait pas de la Confédération. La scis-

1. Voici quelques extraits de la lettre de démission que Niel adressait à ceux qui l'avaient élu : « Camarades, vous savez dans quelles conditions, dans quel esprit, il y a quelques mois à peine, j'acceptai de vous les fonctions de secrétaire confédéral. Les querelles de méthode continuaient de ravager le Syndicalisme ; réformistes et révolutionnaires se heurtaient avec une violence croissante. Très sincèrement, comme beaucoup de syndicalistes qui luttent dans les organisations de province, je croyais cependant un rapprochement possible, et, en acceptant le poste auquel vous m'appeliez, je me considérais comme investi de la mission de tenter l'union entre tous.

« J'ai acquis maintenant l'amère conviction que cette tentative était au moins prématurée. L'union n'est possible que lorsque le désir en existe chez tous. Il n'est que trop évident, aujourd'hui, que dans le sein même de la Confédération des hommes épris de domination, ne conçoivent l'union que par l'écrasement de ceux qu'ils osent appeler leurs adversaires ou leurs ennemis. Chaque fois qu'il m'est arrivé de dire mes vœux, mes désirs unitaires, j'ai été accueilli par des rires ou par des haussements d'épaules.

« Je me suis heurté à un parti-pris cynique, à une in-

sion n'a pas eu lieu, mais les modérés ont fondé un journal, l'*Action ouvrière*, dans lequel ils mènent une vigoureuse campagne contre les révolutionnaires et s'efforcent de faire prévaloir les idées de calme et de sagesse. Ils écrivaient dans le premier numéro : « Si tous ceux qui ont conscience de ce mal (l'introduction de la politique anarchiste dans le Syndicalisme) laissent faire, le Syndicalisme ne sera bientôt plus qu'une chapelle politique entre

tolérance brutale, à une méchanceté préméditée. J'ai tout enduré : injures, menaces, violences même. Mais aujourd'hui je vous remets ma démission de secrétaire confédéral... Il appartient aux organisations dont je partage les conceptions, à celles qui ne veulent pas plus de politique anarchiste que de l'autre dans le Syndicalisme, de se mettre à l'œuvre... Il faut qu'elles préparent et assurent le triomphe définitif de ce syndicalisme professionnel plus soucieux de résultats que de bruit, révolutionnaire en son essence et non seulement d'apparence, qui a fait leur force à elles et qui sera seul capable de grouper la majorité des prolétaires français. »

En même temps que Niel, démissionnait le secrétaire-adjoint, M. Thil, qui, de son côté, écrivait : « Moins illusionné peut-être que le camarade Niel, parce qu'ayant vécu plus longtemps que lui la vie confédérale, je ne crois pas proche l'heure de la réconciliation et de l'union morale. Cette heure ne sonnera que lorsque tous seront décidés à sacrifier les intérêts personnels aux intérêts collectifs de la classe ouvrière. »

les mains d'une poignée de démagogues et d'agitateurs verbeux dont l'intolérance, la violence systématique, l'irrespect des opinions de tous, écarteront de notre œuvre la masse ouvrière réfléchie, pour le plus grand profit du patronat. »

Voilà, en résumé, l'organisation de cette fameuse Confédération Générale du Travail qui constitue une puissance si redoutable et qui a fourni au Syndicalisme un instrument si précieux pour unifier ses efforts et leur donner toute « l'intensification » dont ils sont capables. Ce qui fait la force de la Confédération c'est moins le nombre de ses adhérents que leur activité, leur énergie, leur discipline, leur audace, leur foi au succès, leur conviction ardente et aussi, — il faut bien le reconnaitre, — leur incontestable dévouement à la cause. Ils constituent, dans leur genre, un vrai corps d'élite prêt à toutes les violences, si elles sont nécessaires, prêt aussi à tous les sacrifices pour assurer le triomphe final.

CHAPITRE III

ORIGINALITÉ DU SYNDICALISME

I. Syndicalisme et Corporatisme. — II. Syndicalisme et Socialisme parlementaire. — III. Syndicalisme et Anarchisme.

Le Syndicalisme a la prétention d'être un socialisme spécial et il n'admet pas qu'on le confonde avec aucune des formes préexistantes. Il est lui et pas un autre. Il se distingue essentiellement, prétend-il, du *Corporatisme pur*, du *Socialisme parlementaire* et de l'*Anarchisme*, qui résument les divers aspects, de l'ancien socialisme. Ceux-là seuls, qui ne le connaissent pas, ont pu le confondre avec l'une ou l'autre de ces trois conceptions. S'il a quelques points de communs avec elles, il a surtout des oppositions et des dissemblances, oppositions et dissemblances non pas quelconques, mais fondamentales.

I. Syndicalisme et Corporatisme.

Le Corporatisme, qui a sa plus parfaite expression dans le Trade-Unionisme anglais, s'accorde avec le Syndicalisme en ce sens que, comme lui, il repose sur l'association professionnelle et se compose de groupements de métier ; il en diffère pour tout le reste. Les syndicalistes lui reprochent d'être un mouvement à courte vue, de ne s'occuper que d'avantages matériels et présents, de sacrifier l'avenir pour réaliser certaines améliorations du moment, de négliger le bien supérieur de la classe, de développer le particularisme au détriment des intérêts généraux, de diviser le prolétariat en créant une sorte d'aristocratie ouvrière formée des syndicats les plus puissants et les plus riches. « Ces travailleurs à fortes organisations, à hauts salaires, à courtes journées de travail, à riches encaisses financières forment, suivant l'expression d'Hubert Lagardelle, une âpre côterie de parvenus, jalouse de ses privilèges, méprisante pour ce qui n'est pas elle, indifférente aux misères voisines et soucieuse uniquement de ses prérogatives. Peu lui importent les batailles que livrent, au dessous d'elle ou à côté d'elle, d'autres travailleurs moins favorisés : les affaires sont les affaires. »

Le grand, sinon l'unique souci du Corporatisme est d'assurer une plus grande somme de bien-être immédiat aux travailleurs. Par là, au lieu de développer l'esprit de lutte parmi eux, il fait tomber leurs colères et calme leurs impatiences. Loin de jeter le prolétariat contre la classe capitaliste, il s'applique à prévenir les conflits et à les adoucir quand il n'a pas pu les empêcher. Au lieu de chercher à creuser l'abîme entre le Capital et le Travail, il cherche à le combler. Au lieu de la guerre à outrance, il préconise l'entente et les transactions.

Ses groupements, en devenant riches, sont devenus conservateurs; ils n'entendent pas gaspiller leurs réserves à fomenter ou a susciter des grèves, souvent ruineuses; ils préfèrent garder leurs fonds ou les employer en œuvres de mutualité et d'assistance. Ils estiment qu'ils n'ont aucun profit, quand ce n'est pas indispensable, à entrer en lutte avec le patronat et, comme leur première préoccupation est le profit, ils fuient la lutte de classe. Pour eux, le syndicat est un instrument, non d'attaque, mais de défense ; non de combat, mais de paix ; non de destruction, mais d'amélioration. Ils s'appliquent à l'adapter au milieu capitaliste au lieu d'employer tous leurs efforts à étrangler le capitalisme.

Leurs grosses organisations ne se différencient presqu'en rien des grandes associations patronalas[1]. Ce sont, des deux côtés, les mêmes préoccupations d'intérêts matériels, les

1. « Les Trade-Unions anglaises et les syndicats allemands ont aperçu que ce qu'il y a d'important dans la société bourgecise, c'est l'argent. Ils ont constaté que lorsque les capitalistes disposent de coffres-forts gonflés, ils peuvent entreprendre les uns contre les autres des luttes d'autant plus chanceuses. Et ils se sont dit qu'à leur tour les travailleurs ne triompheront des patrons qu'en opposant gros sous à gros sous, coffres-forts à coffres-forts. De là sont nées ces pratiques avaricieuses, ces habitudes do thésauriser, d'accumuler d'énormes fonds de réserve, de transformer les syndicats en entreprises mutualistes, en institutions de prévoyance et d'épargne, en agences financières.

« Mais, je vous pose la question, cette importation des méthodes bourgeoises de gouvernement et de gestion économique dans l'organisation ouvrière, malgré les

mêmes procédés de gouvernement, la même centralisation. Se faire dans la société actuelle une place commode, tel est l'idéal des trade-unionistes. Ils s'associent pour tirer un parti plus avantageux de leur travail, exactement comme les capitalistes s'unissent pour mieux faire fructifier leur argent. Il ont un tempérament non de révolutionnaires, mais de bourgeois, de bourgeois tranquilles et avant tout soucieux de leur bien-être et de leurs aises.

Par tout cela, ils sont aux antipodes mêmes du Syndicalisme qui veut que l'on s'occupe moins du présent que de l'avenir, des avanta-

avantages matériels incontestables qu'elle peut procurer, qu'a-t-elle de socialiste? Ces syndiqués qui, en plus de leurs patrons, se sont donné pour maîtres des ouvriers comme eux, en quoi sont-ils plus libres? Ces prolétaires qui ne pensent qu'à leurs richesses entassées et qui se figurent qu'ils peuvent vaincre le capitalisme sur le terrain même du capitalisme, comment agissent-ils en révolutionnaires?

« Le Syndicalisme procède tout autrement. Il entend créer des institutions ouvrières qui allient ce que nos adversaires ont toujours cru inconciliable; l'esprit pratique et l'esprit révolutionnaire. Il fait en sorte que jusques dans les plus petites choses de la vie, les prolétaires gardent intacts leurs instincts de révolte et que ceux-ci s'alimentent à leurs actes les plus humbles. » HUBERT LAGARDELLE, *Discours au Congrès socialiste de Nancy.*

ges personnels que des intérêts de la classe, de l'entente avec les bourgeois que de guerre aux capitalistes, d'améliorations matérielles que de perfectionnement, d'argent que d'indépendance et de dignité, de réformes que d'affranchissement et de révolution.

Le Syndicalisme s'applique à grouper tous les salariés en une armée puissante et disciplinée dont les membres, animés du même esprit, pénétrés de la même ardeur, dévoués corps et âme à la même cause, marchent à l'assaut du patronat uniquement soucieux d'assurer la victoire du prolétariat conscient et organisé. Le Corporatisme, au contraire, divise les travailleurs en un fractionnement infini de groupes insolidaires qui poursuivent séparément leurs revendications particulières. Aucune lutte commune ne les unit, aucun lien intérieur ne les soude, aucune grande idée ne les anime, aucune ardente passion ne les secoue. Ils s'enlisent dans un égoïsme corporatif qui est tout l'opposé de la solidarité ouvrière dont s'inspire le Syndicalisme.

II. Syndicalisme et Socialisme parlementaire ou orthodoxe.

Tout aussi profond est le fossé qui sépare le Syndicalisme du *Socialisme parlementaire* ou *orthodoxe*. Les deux écoles poursuivent bien l'affranchissement des travailleurs, mais elles le poursuivent en prenant des chemins tellement différents qu'elles ne sauraient se rencontrer et, à plus forte raison, se confondre. Elles n'ont la même conception ni du but à atteindre, ni des moyens à employer, ni de la tactique à suivre, ni du caractère à donner à l'organisation révolutionnaire. On pourrait dire que tout est opposition entr'elles.

L'une se place sur le terrain exclusivement économique et politique, l'autre sur celui de la lutte de classe et de l'action directe; la première marche au combat formée en parti, la seconde n'admet que l'embrigadement par classe; celle-ci tend à une société absolument renouvelée et n'a confiance dans aucun régime, pas plus dans le régime démocratique que dans les autres, celle-là aboutit à l'étatisme, à une plate copie de la société bourgeoise, à un simple changement de personnel gouvernemental. On s'explique donc qu'entre elles la lutte soit âpre et ardente.

Les socialistes parlementaires — représentés, chez nous, surtout par le Parti Ouvrier Français ; en Allemagne, par la Social-Démocratie — veulent grouper les masses prolétariennes autour de l'urne électorale ; ils voient dans la prise de possession légale ou révolutionnaire du Pouvoir le grand moyen, l'unique moyen même, de l'affranchissement des travailleurs. Pour arrriver à cet affranchissement, ils acceptent le concours de toutes les bonnes volontés et l'appoint de toutes les voix. Dans leurs rangs on compte bon nombre de bourgeois. Bien plus, la plupart des meneurs ne sont ni des ouvriers, ni d'anciens ouvriers ; ce sont des échappés des carrières libérales. Le Parti forme une agglomération artificielle dans laquelle se confondent des hommes appartenant à toutes les classes et unis simplement par un lien idéologique. A côté des salariés, il y a des avocats, des médecins, des professeurs, des journalistes, des fonctionnaires, des industriels, des propriétaires, des gens, par conséquent, dont l'existence se déroule dans des régions différentes de la vie et dont les intérêts, loin de se confondre, souvent se combattent et s'excluent.

Au début, le Parti avait bien entendu ne recruter que des prolétaires : mais, peu à peu, cédant à des préoccupations d'ordre politique, il ouvrit ses rangs aux exploités de toutes les catégories, sans assez tenir compte de la diversité de leur origine, de leurs conceptions économiques, de leurs aspirations sociales et de leurs intérêts matériels. Il appela à lui indistinctement tous les exploités et tous les mécontents susceptibles de lui fournir un appoint, les jours de scrutin. Dans l'ouvrier, en effet, il considère avant tout, non pas le producteur, mais l'électeur. Pour les socialistes parlementaires le groupement politique prime tout et doit être placé au-dessus de tout. C'est de là que doit venir le salut.

Ils croient naïvement qu'il n'y a qu'à s'emparer de l'Etat, qu'à devenir le Gouvernement pour changer la face du monde et créer mécaniquement de toutes pièces et en un rien de temps une société régénérée. « Cet optimisme, qui ramène tout à une simple modification de personnel politique, les deux formes du Socialisme parlementaire : le Socialisme réformiste et le Socialisme révolutionnaire, l'ont toujours partagé à un égal degré. Les uns et les autres ont la même foi dans la vertu magique du Pouvoir. Les différences ne portent que sur la manière de conquérir l'État. Les Réformistes entendent le posséder peu à peu, morceau par morceau, en collaboration avec les autres partis, jusqu'au jour où, devenus majorité parlementaire, ils l'auront tout entier. Les Révolutionnaires le veulent en bloc, par coup de force, dictatorialement. » Quand ils le détiendront, qu'ils y soient arrivés légalement ou autrement, rien ne leur sera plus aisé que de décréter la nationalisation des moyens de production, l'abolition du capitalisme et l'émancipation de la classe opprimée. Toutes ces transformations s'opéreront comme d'elles-mêmes, par la force, pour ainsi dire naturelle, des choses, sans qu'il soit besoin d'une action directe et d'une intervention personnelle du prolétariat. Le Gouvernement, composé de ses mandataires et de ses amis. suffira à la tâche[1].

On fera alors fonctionner à l'usage de la classe ouvrière le mécanisme gouvernemental qui, jusqu'ici, a fonctionné au service de la bourgeoisie. Rien, dans ses rouages essen-

1. Guesde se défend d'avoir jamais supposé chose semblable. « Depuis quand, Lagardelle, m'avez-vous entendu soutenir, s'écriait-il dans sa réponse de Nancy, que si, par miracle, une poignée de socialistes arrivaient à mettre la main sur le Gouvernement, ils suffiraient à affranchir, en dehors d'elle-même, la France ouvrière et paysanne? Est-ce que toute notre propagande depuis plus de trente ans ne proteste pas contre une pareille présomption? Que faisons-nous, on peut dire exclusivement, depuis la Commune? N'est-ce pas organiser, organiser encore, organiser toujours non seulement ceux de l'usine, mais ceux de la terre, en vue précisément de ce moment psychologique, convaincus, comme nous le sommes, que ce n'est que dans la mesure où la conscience socialiste aura été éveillée, où le monde du travail se sera organisé professionnellement, que pourra aboutir le mouvement révolutionnaire? Nous avons toujours pensé et soutenu que le passage de la société capitaliste à la société socialiste, s'opérera d'autant plus vite et plus facilement que la classe ouvrière sera plus puissamment constituée par métiers et habituée ainsi à l'action commune... Je n'ai jamais dit aux travailleurs qu'il suffirait pour que la Révolution sociale soit faite de remplacer Clémenceau ou Fallières par un des nôtres. Je leur ai toujours dit au contraire, qu'elle n'est faisable et ne se fera que dans la mesure où ils sauront, où ils voudront, où ils pourront. »

tiels, ne sera modifié. Se seront la même armature et les mêmes organismes sociaux, la même concentration administrative, la même bureaucratie ; mais tout cela actionné et dirigé par un personnel socialiste, « avant tout préoccupé d'assurer aux producteurs le plus possible de justice et le plus de mieux-être ». Il n'y aura plus de patrons, il n'y aura qu'un patron et ce patron sera l'Etat ; l'Etat politique moderne, dans lequel on aura coulé « un contenu ouvrier » et dont les pouvoirs, qu'on aura étendus jusqu'à l'excès, seront mis tout entiers au service des salariés d'aujourd'hui. De la sorte, le Socialisme, ouvrier originellement, sera placé dans un cadre ancien qui n'a pas été fait à sa mesure et se trouvera noyé dans la démocratie la plus bourgeoise.

L'établissement d'un régime purement démocratique est, d'après les socialistes parlementaires — Guesdistes ou Marxistes orthodoxes — le dernier terme de l'évolution qui s'opère. Mais, disent les syndicalistes, parce qu'il sera populaire, l'Etat n'en sera ni moins concentré, ni moins absolu, ni moins unifié, ni surtout moins jaloux de tout pouvoir concurrent ou rival. Jamais, même sous l'ancienne monarchie, la centralisation ne fut poussée aussi loin qu'elle l'est sous notre Gouvernement prétendu démocratique. Depuis la Révolution, le Pouvoir a été se concentrant sans cesse. Dans le domaine de la vie politique, de la vie sociale et même de la vie privée, il est bien peu de choses sur lesquelles il n'ait mis ou essayé de mettre sa lourde main. Ses prétentions deviennent, tous les jours, plus audacieuses et plus intolérables [1].

Exaltant l'Etat au-dessus de toute mesure, exagérant ses droits et son rôle jusqu'à lui tout livrer, les socialistes parlementaires ne

1. L'Etat moderne, disent les syndicalistes, s'est élevé sur les ruines du particularisme féodal, il a été comme un coup de balai gigantesque déblayant le terrain de toutes les broussailles féodales, il a nivelé et concentré la vie féodale, il a été le couronnement de l'œuvre commencée par les rois de l'ancienne monarchie, il est l'apogée de l'Etat dégagé de toute entrave, débarrassé de tout pouvoir concurrent et concentrant entre ses mains toute la vie nationale et collective. « La forme démocratique, poursuivent-ils, ne doit pas, en effet, nous tromper. Le pouvoir, en passant des mains du roi dans celles d'un parlement, n'a rien perdu de sa force, ni de sa concentration, au contraire. On pourrait même dire qu'il est plus un, plus concentré, plus fort jamais. La Démocratie se dit une et indivisible, elle est plus jalouse de tout

peuvent pas, sous peine d'inconséquence, ne pas être quelque peu patriotes et même, jusqu'à un certain point, militaristes. De fait, ils ont presque tous quelque chose de l'âme des grands ancêtres de la Révolution. Ils sont nationalistes-révolutionnaires, mais ils sont nationalistes ; nationalistes à la manière de 1792. La nation, toujours une et indivisible, est pour eux l'Arche sainte. Les citoyens lui appartiennent corps et biens. Ils lui doivent un loyalisme absolu, le loyalisme qu'on pratiquait jadis à l'égard de la royauté. En professant pareille doctrine, les étatistes sont logiques ; car, armée, patrie, Etat, au

pouvoir concurrent ou rival que ne le fut jamais l'ancienne monarchie. Car, peu importe l'origine du pouvoir, héréditaire ou populaire ; et le droit divin, qu'il soit celui d'un seul ou celui de la multitude, reste toujours le droit divin. On peut même dire qu'il est plus absolu, plus inflexible quand il est le droit divin de la multitude. L'expérience de la Démocratie contemporaine ne laisse, je pense, aucun doute à ce sujet. Pendant tout le XIXe siècle, le pouvoir a été se concentrant de plus en plus. La concentration est allée croissant, les budgets d'Etat sans cesse grossissant et personne ne soutiendra que la troisième République ait interrompu ce mouvement continu de concentration politique. » EDOUARD BERTH, *Nouveaux Aspects du Socialisme*, pp. 8 et 9.

fond, sont termes synonymes. Et Guesde, en présence des campagnes antipatriotiques et antimilitaristes du Syndicalisme, ne pouvait pas prendre une autre attitude que l'attitude hostile et même agressive qui a été invariablement la sienne.

Un des reproches que les Guesdistes font le plus souvent à l'Ecole syndicaliste est celui de substituer à l'unité du mouvement politique la dispersion et la confusion de l'agitation syndicale. « Ils ont toujours considéré, suivant la remarque d'Edouard Berth, le syndicat comme un organe secondaire, accessoire, de valeur tout à fait médiocre. Ils lui concèdent tout au plus d'être pour le Socialisme une sorte d'école primaire ; et qu'est-ce que cela au regard de l'éminente dignité et de la haute valeur du groupement politique? Ils n'ont jamais, on le sait, montré beaucoup d'enthousiasme pour les grèves ; ces sursauts cahotiques, convulsifs, anarchiques de la force ouvrière, leur ont toujours déplu ; selon l'expression même de Guesde, c'est là de l'état de nature, auquel il faut substituer au plus vite l'état social, en soumettant ces mouvements spasmodiques et déréglés des travailleurs à la loi des majorités qui, gouvernant la vie politique, doit aussi commander la vie économique[1]. »

Les syndicalistes révolutionnaires, au contraire, considèrent la grève comme l'unique moyen vraiment efficace de briser la tyrannie de l'Etat et les résistances du patronat. Pareillement, ils regardent le groupement syndical comme le seul mode de groupement ouvrier sérieux, comme le seul naturel, le seul qui se prête à la lutte de classe et permette de la pousser avec vigueur, le seul qui restera dans l'avenir. D'après eux, le syndicat est l'école de combat par excellence; c'est dans son sein que s'élabore lentement, mais progressivement, l'éducation sociale et économique du prolétariat ; il initie l'ouvrier à sa mission régénératrice ; il lui fournit un merveilleux instrument de guerre et, dans la société qui disparait, il forme l'embryon des organismes futurs, en attendant qu'il devienne la cellule constitutive de la cité qui est en marche. Tout ce côté — le plus beau et le plus noble — du

1. *Les Nouveaux Aspects du Socialisme*, p. 11.

rôle du groupement corporatif échappe absolument aux socialistes. Ils s'obstinent à ne voir dans le Syndicalisme qu'un moyen de substituer à la faiblesse individuelle du travailleur la force collective de la profession organisée à l'effet d'obtenir des augmentations de salaire et des diminutions d'heures de travail. Ils en sont toujours à la conception surannée du trade-unionisme, avec, en plus, union des syndicats au Parti socialiste et acceptation de la tutelle de celui-ci.

La défiance et l'espèce de dédain que le Socialisme parlementaire manifeste à l'égard du groupement syndical, le Syndicalisme les rend, avec usure, au groupement politique qu'il traite couramment de groupement hybride, de groupement incohérent, de groupement inconsistant et même, parfois, de groupement « monstrueux et contre nature ». Les éléments qui le composent, appartenant à des classes diverses, ne sauraient avoir ni le même idéal, ni les mêmes aspirations, ni les mêmes intérêts. Il leur est impossible de tendre, jusqu'au bout, au même but. Le mécontentement et l'ambition pourront bien les unir, momentanément, pour marcher à l'assaut du Pouvoir ; mais cette entente cessera fatalement quand viendra l'heure de l'expropriation et de la réorganisation finales. Une association semblable ne sera jamais qu'une association artificielle, passagère et stérile. La refonte sociale que l'on attend ne peut être son œuvre, Cette refonte sera le fait des efforts du prolétariat organisé en classe. L'expérience est déjà suffisamment faite ; par la voie politique on n'aboutira à rien de profond et de durable ; on n'arrivera qu'à des déceptions.

Aussi, est-il impossible de faire moins de cas de la politique que ne le fait le Syndicalisme révolutionnaire. Il affecte de l'ignorer. Il se cantonne sur le terrain purement professionnel, et c'est là seulement qu'il entend engager le combat [1]. Il ne défend pas à ses

1. Si jamais le Syndicalisme recourait à un système représentatif, ce système serait basé sur la représentation directe des classes et non plus sur la représentation des partis, masse mouvante et changeante composée d'éléments hybrides appartenant à des classes différentes et rivales. A la conception démocratique ou bourgeoise de la représentation du *peuple*, le prolétariat substituerait la conception syndicaliste et ouvrière de la représentation de la *classe et de ses intérêts*.

partisans de se jeter dans la mêlée électorale, s'ils le jugent à propos, et de poursuivre le triomphe des idées démocratiques ; mais ses chefs, les meneurs de la Confédération Générale du Travail, se désintéressent de ces contingences ; ils n'ont pas plus foi dans la Démocratie que dans les Régimes bourgeois qui l'ont précédée. La forme démocratique, incontestablement supérieure aux formes antérieures, ne changera pas le fond de l'Etat qui restera, sous la diversité des apparences, la même force coercitive au service de l'ordre capitaliste et le même « organe parasitaire de l'exploitation bourgeoise ». La Démocratie poursuit l'union des classes ; le Syndicalisme, au contraire, la lutte des classes et la victoire du prolétariat ; l'entente n'est donc pas possible.

Tandis que le Socialisme orthodoxe se propose, comme objectif suprême, la conquête de l'Etat, afin d'en utiliser les diverses fonctions et les multiples organes au profit de la classe laborieuse, le Syndicalisme soutient qu'il est impossible de se servir de l'Etat dans un sens ouvrier. L'Etat, dit-il, est chose bourgeoise par essence et par destination ; par conséquent, c'est chimère de vouloir poursuivre le triomphe du prolétariat en se servant de lui. Il n'y a pas à chercher à s'en emparer : il faut en paralyser le fonctionnement et en supprimer les attributions ; il faut le détruire. « La question n'est plus maintenant de se servir de l'Etat contre le patronat, elle est de briser tout ensemble et du même coup patronat et Etat, l'Etat n'étant plus qu'un prolongement du patronat et un patron lui-même plus tyrannique que les patrons privés, puisqu'il va jusqu'à refuser le droit de grève à ses employés et qu'il fait de ses services publics un véritable servage public, où l'homme n'est plus qu'un esclave. »

Les syndicalistes ne veulent pas entendre parler d'une réalisation sociale étatiste qui, en supprimant le patronat actuel, laisserait subsister le salariat. Le sort des producteurs n'en serait pas sensiblement amélioré ; il serait peut-être même rendu pire. Les ouvriers, alors comme aujourd'hui, seraient des salariés ; seulement, au lieu d'être à la solde de patrons individuels, ils seraient à la solde de l'Etat « devenu l'organe représentatif de l'ensemble de la société et faisant face désormais à toutes les fonctions de production, de distribution et autres ». A ce changement qu'ont-ils à gagner? L'épanouissement du fédéralisme économique, au sein duquel seul l'être humain aura toute facilité de développement et de satisfaction, ne pourra se produire, sur les ruines du monde bourgeois, qu'à la condition d'éliminer les forces d'oppression concrétées par l'Etat, c'est-à-dire d'éliminer l'Etat lui-même.

Le Syndicalisme ne veut pas plus de la tutelle de l'Etat dans la société, qu'il ne veut de la tutelle du patronat dans l'atelier; il entend se débarrasser de l'une et de l'autre. Elles sont également odieuses et malfaisantes. Il poursuit une cassure complète entre la classe ouvrière et les formes existantes de Pouvoir.

A ces formes il entend ne rien emprunter. Il n'a que faire ni de leurs cadres, ni de leur ossature, ni de leurs organes, ni de leurs institutions. Tout cela est inutilisable pour l'édification de la cité future. Tenter de s'en servir, ce serait vouloir mettre du vin nouveau dans des outres vieilles. Il ne cesse de répéter aux ouvriers qu'il faut que la classe prolétarienne sorte des cadres bourgeois dans lesquels on veut la maintenir, qu'elle s'isole dans ses cadres naturels, qu'elle se crée de toutes pièces des institutions propres, et qu'elle donne corps « aux idées spécifiques qui constituent la base du droit nouveau », du droit d'une société sans maitres dans l'ordre politique comme dans l'ordre économique.

Aucun changement sérieux ne sera possible tant que les travailleurs n'auront pas construit, de leurs mains et pièce à pièce, un mécanisme intérieur adapté aux besoins et aux fonctions de la forme sociale qu'ils s'efforcent de réaliser. C'est par là que doit commencer toute classe qui veut s'affranchir. Grossière est donc l'erreur du Socialisme parlementaire, qui prétend détruire la société actuelle en se servant de la « machinerie étatique », c'est-à-dire des organes mêmes qui ont pour but de conserver cette société. « Lorsque la bourgeoisie est entrée en lutte contre la féodalité, ce n'a pas été en pénétrant dans les rouages de la société féodale, mais en se forgeant de toutes pièces des rouages particuliers qui ont été les Communes d'abord, les Parlements ensuite. Elle ne s'est pas emparée des institutions existantes, elle en a créé de neuves, qui ont progressivement désorganisé la société féodale, tout en organisant peu à peu la société bourgeoise. » Ainsi doit faire le prolétariat.

Dans la lutte pour l'émancipation ouvrière, les syndicats, comme le faisait déjà, en 1866, remarquer Karl Marx, au premier Congrès de l'Internationale tenu à Genève, sont appelés à jouer un rôle identique à celui que jouèrent les Communes dans l'émancipation bourgeoise. Ils servent d'abri aux producteurs, non seulement pour la défense de leurs intérêts, mais surtout pour l'élaboration de l'ordre nouveau qu'ils entendent imposer au monde.

Le droit qu'ils s'emploient à instaurer, c'est le droit du *travail libre dans la société libre*. Il ne faut d'autorité ni dans l'atelier, ni dans l'Etat, ni dans la société. L'organisation future reposera sur l'absolue liberté et l'entière indépendance de tous. « L'extrême souplesse de la Confédération Générale du Travail, son fédéralisme, l'absence de pouvoir coercitif, sont la meilleure preuve qu'on peut concilier l'esprit d'ordre et l'esprit d'indépendance. Le syndiqué libre dans le syndicat, le syndicat libre dans la fédération, la fédération libre dans la confédération, voilà une leçon de choses dont l'efficacité ne peut pas être perdue. »

Sur ce point encore, le Syndicalisme se distingue totalement du Socialisme orthodoxe qui, avec son impérialisme étatique, ne peut comprendre un régime de décentralisation et d'autonomie. Il ne conçoit la société qu'hiérarchisée et coulée dans une armature bureaucratique.

« Qu'on examine, écrit Edouard Bert, la vie intérieure et la tactique de l'ancien Parti Ouvrier Français, et l'on verra combien il avait conçu le mouvement socialiste sur un plan unitaire, dictatorial, j'oserai dire *napoléonien*, en tous points conforme à la fin qu'il assignait au Socialisme : forte constitution des cadres ; discipline de fer ; concentration et centralisation des pouvoirs ; un état-major tout-puissant suivi de troupes fanatiquement fidèles et aveuglément obéissantes. L'armée guesdiste devait marcher à la conquête de l'Etat comme un bloc compact, comme une masse une et indivisible, sans se laisser distraire de son but final par aucune sollicitation des événements contingents, tout entière tendue corps et âme vers ce point fixe — qu'une vision ardente faisait plus proche — du grand jour de la Révolution..... L'on peut dire que le Guesdisme a conçu la vie socialiste sur le type militaire, national et étatique, et sur l'image de la caserne, de la nation et de l'Etat, Il est donc à l'opposé du Syndicalisme révolutionnaire qui, par son antimilitarisme, son antipatriotisme et son antiétatisme décidés, a pris position, précisément, contre l'armée, la patrie et l'Etat », et dont tout les efforts tendent à exalter la personne humaine, à affranchir l'individu de toute sujétion et de toute tutelle, à développer ses énergies, à provoquer ses initiatives, à utiliser chacune de ses forces vives et à lui donner la conviction profonde qu'il ne doit attendre que de lui-même l'amélioration de son sort. Si les prolétaires veulent secouer le joug de toute autorité patronale et étatique, vivre sans maîtres de la production et sans maîtres de la politique, ils doivent s'exercer à l'action, éduquer leur volonté, exalter leur courage et n'avoir foi qu'en eux seuls. Le monde ne se transformera pas de lui-même, il sera ce qu'ils le feront.

Tout autre est la conception des socialistes classiques. S'inspirant de théories, qu'ils prétendent empruntées au plus pur marxisme, ils soutiennent que la société est emportée par un courant irrésistible vers de nouveaux rivages et que, sous la seule influence de l'évolution économique, elle se transformera, d'elle-même et comme automatiquement, de société bourgeoise en société ouvrière. Le capitalisme, suivant le mot expressif de Marx, engendre son fossoyeur. Il porte dans ses flancs le principe de sa propre dissolution et le germe d'une réorganisation collectiviste. L'heure de cette réorganisation peut être avancée par l'avènement au Pouvoir d'une majorité socialiste. C'est aux travailleurs, en se formant en parti discipliné, à rendre possible cette prise de possession de l'Etat. Quand elle sera accomplie, ils n'auront qu'à attendre. Le reste regardera leurs mandataires qui, disposant de la toute-puissance législative, sanctionneront et hâteront l'œuvre de l'évolution économique. Il leur suffira de quelques décrets pour changer, du soir au lendemain, la face de l'univers. Le rôle du prolétaire se borne à déposer, aux jours d'élection, un bulletin dans l'urne.

Le Syndicalisme révolutionnaire trouve par trop paresseuse et par trop simpliste cette conception des devoirs du travailleur. A l'*action indirecte* du Guesdisme, il oppose l'*action directe*, « qui est l'exaltatation de l'autonomie de toutes les forces ouvrières. Il fait appel à l'énergie, à l'initiative, à l'audace de chaque travailleur. Dans chaque syndicat, chaque ouvrier reste une force libre, à qui l'on demande le maximum d'initiative, et, dans la confédération, chaque syndicat reste une unité libre, maîtresse de son plan d'attaque et de défense, n'attendant aucun mot d'ordre venu du centre, laissée entièrement à son libre arbitre, décidant souverainement de son action. L'armée ouvrière n'est plus ainsi une masse mécanique, composée d'automates marchant au doigt et à l'œil ; c'est une armée de libres tirailleurs, tous animés d'un invincible esprit de lutte, et dont la libre impétuosité n'est jamais alourdie, ralentie ou amortie par un commandement lointain, émanant de bureaux engourdis et incompétents. »

Tandis que l'action indirecte parlementaire et législative paralyse les activités, endort les volontés et berce tous les instincts tranquilles de la nature humaine, l'action directe du Syndicalisme, faite d'efforts personnels, sans cesse renouvelés, stimule les forces latentes de l'individu et fait surgir, suivant l'expression de Lagardelle, au premier plan, ces facultés d'enthousiasme, ce besoin de combat, cette soif de conquête, qui rendent capable de tous les sacrifices et de tous les efforts. Plus de délégation et de représentation, ici ; mais un appel constant aux idées de responsabilité, de dignité et d'énergie. Ni compromis, ni marchandages, mais la lutte avec ses risques et ses ivresses. Aucune concession aux débilitants instincts de passivité et de paresse, mais une exaltation continue, une sorte d'exaspération incessante des sentiments les plus agissants de la personne humaine. Et cela, non seulement jusqu'au triomphe final, mais toujours ; après la victoire, comme durant le combat.

Quel que soit le désir du Syndicalisme de voir disparaître le régime actuel, il ne songe pas à porter immédiatement la hache aux racines du capitalisme, dont il se regarde comme l'héritier présomptif. Il ne se trouve pas prêt pour recueillir la succession et l'administrer ; le père, d'ailleurs, fait merveilleusement les affaires du fils, et arrondit tous les jours l'héritage qui lui reviendra. En attendant, le prolétariat ne cherche pas à devenir l'associé du capitalisme, il ne demande pas à participer à ses bénéfices, il n'éprouve aucun désir de s'ingérer dans l'administration de ses entreprises. S'il exige de lui des salaires de plus en plus élevés, c'est pour l'empêcher de s'encroûter dans la routine et le forcer à intensifier, sans relâche, la production, à perfectionner les moyens de l'opérer, sûr qu'il est d'être, un jour, le bénéficiaire de tous les progrès réalisés. Jusqu'au moment où il exigera la délivrance de la succession et sera en état d'organiser la production conformément aux idées et aux intérêts de sa classe, il laisse au capitalisme la liberté de se développer et d'agir à sa guise. Il se contente de surveiller le fruit, de l'aider à bien mûrir ; il le cueillera quand l'heure sera venue.

Le Syndicalisme ne croit pas que la classe ouvrière soit encore prête pour assurer, dans des conditions satisfaisantes, le fonctionnement du nouvel organisme social. L'immense majorité de ses membres n'a pas, jusqu'ici, une conception assez nette de son rôle et de ses obligations. Elle n'est pas suffisamment consciente. Ce qui s'impose, avant tout, c'est de faire l'éducation du prolétariat. Il faut lui donner la mentalité appropriée, l'habituer à la pratique des vertus nécessaires, lui inspirer l'amour du devoir, développer en lui les sentiments de solidarité et de désintéressement, le mettre en état, en un mot, de remplir, comme il le doit, la mission qui l'attend.

« Vous serez, disait aux Guesdistes Hubert Lagardelle, au Congrès de Nancy, vous serez les maitres de l'heure, vous détiendrez toute la puissance qui, hier, appartenait à la bourgeoisie, vous entasserez décrets sur décrets et lois sur lois, mais vous ne ferez pas de miracle et vous ne rendrez pas du coup les ouvriers aptes à remplacer les capitalistes. En quoi, dites-moi, la possession du Pouvoir par quelques hommes politiques socialistes aura-t-elle transformé la psychologie des masses, modifié les sentiments, accru les aptitudes, créé de nouvelles règles de vie, et fait qu'à la place d'une société de maîtres et d'esclaves pourra exister une société d'hommes libres ?

« Non, ce n'est pas d'un simple changement de personnel gouvernemental que dépend la transformation du monde. Ce serait vraiment trop facile, et la marche de l'histoire a d'autres exigences. Un état social ne naît pas sans une longue préparation, et c'est ici que le Syndicalisme, avec un sens plus réaliste des choses, vous oppose ce que j'appellerai le socialisme des institutions. Il rappelle aux ouvriers qu'il n'y aura pas de changement possible, tant qu'ils n'auront pas créé de leurs propres mains tout un ensemble d'institutions destinées à remplacer les institutions bourgeoises... »

En attendant que « le fruit soit mûr et qu'il se décide à le cueillir », le travailleur ne demande pas à l'État de s'occuper de son sort et d'essayer de lui constituer une vie plus douce. Il le dispense de toute sollicitude. Il ne veut pas de son intervention. Il saura se faire justice lui-même. Il a la grève à sa disposition, et avec elle, mieux qu'avec n'importe quelles lois, il aura raison des résistances patronales. Le Syndicalisme ne veut pas plus de législation ouvrière qu'il ne veut de subsides gouvernementaux. Dans tout cela il ne voit que d'insignifiants lénitifs ou d'odieuses tentatives de domestication. Lui aussi *fara da se.*

Il rejette dédaigneusement toutes ces améliorations qu'un Pouvoir apeuré prétend apporter à sa situation. Elles sont bonnes, tout au plus, à endormir les colères populaires et à émousser, dans les masses, les instincts de combativité que réclame la guerre de classe. Il repousse toute réglementation, tout arbitrage, toute codification, toute ingérence d'une autorité extérieure; il refuse de se lier par des contrats collectifs; il entend faire grève quand cela lui plaira, choisir son moment pour les attaques, n'avoir d'autre guide que les inspirations de sa nature, d'autre règle que les intérêts de sa classe, d'autre juge que sa propre conscience devant laquelle seule il est responsable.

Après cela, il n'est pas surprenant que les socialistes orthodoxes accusent le Syndicalisme révolutionnaire, non seulement de conduire à l'anarchie, mais de n'être lui-même qu'un anarchisme ouvrier. Le reproche est-il fondé autrement qu'en apparence? Les syndicalistes le nient absolument.

III. Syndicalisme et Anarchisme.

Le Syndicalisme révolutionnaire s'applique avec autant d'ardeur que l'Anarchisme à secouer le joug de toute autorité, à supprimer l'Etat et tous ses succédanés, à libérer les individus de toute dépendance politique, civile et économique, et cependant il prétend qu'on ne saurait sérieusement le confondre avec lui, que l'essayer c'est faire preuve d'ignorance ou de mauvaise foi, qu'il est séparé de lui par un fossé aussi large et aussi profond que celui qui le sépare soit du Corporatisme, soit du Socialisme orthodoxe.

Il ne voit dans les anarchistes que des révoltés ou des rêveurs, des utopistes ou des violents, des idéologues ou des cyniques; que des gens regrettant l'état de nature, se trouvant mal à l'aise au sein de n'importe quelle civilisation et poursuivant la destruction, non pas seulement de tout Etat, mais de toute société proprement dite.

Le syndicaliste, au contraire, est l'homme de l'effort concerté, de l'action coordonnée, des réalisations positives, du sens éminemment pratique, des conceptions basées sur l'expérience et non sur l'idéologie. Il ne veut pas de domination, mais il ne veut pas non plus d'individualisme outrancier. Il se considère comme un être essentiellement social et il entend rester plus que jamais travailleur social, travailleur non pas isolé, mais placé dans son cadre naturel : l'atelier organisé, où il mêle ses efforts aux efforts de ses camarades et cherche dans l'association le moyen de porter la production à son summum de perfection et de rendement. Le Syndicalisme, même le plus antiétatiste et le plus épris de liberté, ne saurait donc être confondu ni avec l'Anarchisme individualiste dont les principes sont, *a priori*, antithétiques des siens, ni même avec l'Anarchisme communiste dont la métaphysique diffère si radicalement de la philosophie socialiste.

Le point de départ de tout Anarchisme, comme le fait remarquer Edouard Berth, « c'est l'individu, le moi considéré comme un simple, un absolu, une sorte de monade qui, comme celle de Leibnitz, n'a ni portes ni fenêtres sur le dehors et qui est, par suite, incommensurable et insociable par sa nature même. Avec un tel point de départ, il va de soi qu'il est à tout jamais impossible d'arriver à reconstruire la société, car il serait aussi absurde de vouloir recomposer la société avec des unités isolées et insociables, qu'il serait chimérique d'espérer recomposer le mouvement avec des immobilités ».

Chez tous les théoriciens de l'Anarchisme on trouve, plus ou moins, les idées du *Contrat social* : l'homme est un tout parfait et solitaire; il naît bon, c'est la civilisation qui le déprave; il devrait être laissé à ses instincts naturels qui sont droits; les diverses institutions sociales : famille, propriété, Etat, ne servent qu'à le corrompre en le gênant. Il faut les supprimer; par conséquent, plus de mariage, plus de propriété, plus d'Etat; à la place, l'union libre, la prise au tas, la licence totale. L'Anarchisme met au-dessus de tout l'intérêt particulier et le caprice personnel; il sépare l'individu de la vie et de l'activité de son ambiance et lui montre dans chacun de ses semblables une entrave à sa liberté et une limitation à son bien-être.

Tout autre est la conception syndicaliste. Le Syndicalisme part de ce principe que l'homme est fait pour vivre en société, qu'isolé il ne saurait ni atteindre son plein développement intellectuel et moral ni se procurer la somme de biens matériels auxquels il est en droit de prétendre, qu'il a continuellement besoin de ses semblables, qu'il doit associer ses efforts à leurs efforts, leur prêter son concours comme il attend le leur, que cette collaboration féconde, tous les jours plus étroite, devra être la base de la cité future, au sein de laquelle chacun vivra pour tous et tous pour chacun, dans la plus touchante des fraternités et la plus absolue des égalités.

Si le Syndicalisme poursuit l'établissement de cette liberté sans entraves avec un aussi inlassable acharnement que l'Anarchisme, il ne partage pourtant pas entièrement la manière de voir de celui-ci par rapport au principe d'autorité. Pour l'anarchiste l'Etat et l'autorité sont choses essentiellement mauvaises, leur existence ne peut se concilier ni avec les droits imprescriptibles de l'individu, ni avec les intangibles exigences de la liberté; ils furent toujours, ce qu'ils sont aujourd'hui, des institutions foncièrement néfastes et malfaisantes.

Le Syndicalisme reconnaît que ces institutions ont fait leur temps, que nous sommes arrivés à ce point de l'évolution sociale où elles doivent céder la place à une organisation nouvelle, dans laquelle il n'y aura ni contrainte, ni subordination, ni rien qui ressemble à une hiérarchie ou à un commandement; mais il n'admet pas qu'il existe une antinomie radicale entre l'Etat et l'individu, entre l'autorité et la liberté. Il avoue très volontiers, au contraire, avec Edouard Berth, que « l'autorité a été jusqu'ici nécessaire ; qu'elle a été le fouet grâce auquel la civilisation a pu avancer et tirer du travail humain les merveilles qu'elle en a tirées ; qu'en un mot, comme dit Hegel, l'obéissance est l'école du commandement.

La reconnaissance que le Syndicalisme voue au capitalisme autoritaire ne se borne pas seulement aux richesses matérielles que celui-ci a créées, mais encore et surtout aux transformations morales qu'il a opérées au sein des masses ouvrières qui, grâce à sa discipline de fer, ont été tirées de leur paresse primitive et de leur anarchisme individualiste, pour devenir capables d'un travail collectif de plus en plus perfectionné. Le Syndicalisme admet parfaitement que la civilisation a débuté et dû débuter par la contrainte, que cette contrainte fut salutaire, bienfaisante et créatrice, et que si l'on peut espérer un régime de liberté sans tutelle patronale comme sans tutelle étatique, c'est encore grâce à ce régime de contrainte lui-même qui a discipliné l'humanité et l'a rendue peu à peu capable de s'élever au travail libre et volontaire. »

Même divergence de vue par rapport à la civilisation. L'Anarchisme la rend responsable de tous les abus, de tous les désordres, de toutes les misères et de toutes les iniquités dont a à se plaindre l'humanité. C'est elle, qui a perverti l'homme ; elle, qui l'a soumis au joug du travail ; elle, qui l'a forcé à violenter sa nature et obligé à imposer silence à ses instincts. En retour, elle ne lui a donné que despotisme et souffrance. Aussi, n'a-t-il pour elle que mépris et que haine. « C'est la révolte de l'individu paresseux, du sauvage primitif, de l'homme d'état de nature, se cabrant contre un régime de fer qui veut le plier à la dure discipline du travail » ; régime qu'il maudit, qu'il traite de barbare et dans lequel il ne voit qu'un moyen monstrueux de contrainte et d'oppression.

Le Syndicalisme, au contraire, reconnait que la civilisation a rendu les plus grands services et que la plupart des progrès qui ont été réalisés dans le monde ne l'ont été que grâce à elle et par elle. Il ne fait même pas de difficulté pour confesser que le capitalisme, ce produit de la civilisation entre tous décrié et décriable, a été « un merveilleux magicien, qui a su, grâce à l'audace combinée de l'initiative individuelle et de la coopération, faire surgir du sein du travail social, où elles dormaient, l'infinité des forces productives humaines. Il pense seulement que, maintenant qu'il a éveillé le génie social, tiré le travailleur de son isolement, plié les hommes au travail collectif, son rôle historique est terminé. Les travailleurs constitués en groupes de production, ayant acquis, dans leurs longues luttes contre leurs maîtres, l'esprit d'audace et d'initiative en même temps que le sens de l'association libre, peuvent continuer l'œuvre du capitalisme, sans avoir besoin de sa tutelle ni de sa férule. Il y a transfusion au sein du groupe producteur de l'esprit d'initiative et de responsabilité individuelles du chef d'entreprise privée actuel : et, en même temps, la force collective ouvrière, maîtresse d'elle-même, n'est plus captée et aliénée au profit d'un seul. »

Syndicalisme et Anarchisme diffèrent par

la méthode comme ils diffèrent par les doctrines. Le premier s'appuie sur l'expérience, dédaigne les dogmes et les formules. commence par agir et fait ensuite surgir la théorie de la pratique. Il est foncièrement pragmatiste. Le second est, lui, essentiellement idéologiste; il fait surtout de l'*a priori*, se pique de haut intellectualisme, n'arrive à l'action que par l'idée et souvent demeure confiné dans l'idée. Il est fait de rêve et d'utopie, plus encore que de révolte et de violence. Il s'est livré à une analyse impitoyable de toutes les tares de la société, mais ses récriminations sont stériles parce qu'elles restent dans l'abstrait et qu'il n'a rien de positif à proposer pour remplacer les institutions qu'il veut renverser. Il se résout, en fin de compte, à la négation de l'idée sociale, au refus de l'individu de se vouer à une œuvre collective. Les raisons morales, métaphysiques, humanitaires, sentimentales ou idylliques, derrière lesquelles il se retranche, ne sont. la plupart du temps, que le paravent à l'abri duquel se dissimulent l'égoïsme, l'amour des aises. l'horreur de toute contrainte, la lassitude, le dégoût, des aspirations imprécises et maladives. Il n'est qu'une forme de ce que l'on a appelé « l'égocentrisme », et l'égocentrisme est l'opposé même du Syndicalisme.

L'Anarchisme ne fait pas appel au prolétariat seulement, il s'adresse à toutes les catégories sociales. Il n'est pas un mouvement ouvrier, il entend être et demeurer un mouvement humain. Il se recrute beaucoup moins parmi les travailleurs que parmi les intellectuels; la plupart de ses adeptes sont des évadés de la bourgeoisie. Il n'attache aucune importance à la distinction de classes et à la lutte de classes. Tous les hommes se valent, tous ont des droits identiques et la « grâce révolutionnaire » n'est l'apanage exclusif d'aucune caste, ni d'aucun groupement. Il n'a aucune foi dans l'avenir des syndicats, ni aucune confiance dans l'efficacité de leur action. Tout au plus, admet-il qu'ils constituent pour la propagande des idées un terrain mieux préparé et qu'à ce point de vue ils sont utilisables; mais ils ne le sont qu'à ce point de vue. Il est pour la révolte individuelle. C'est, on le voit, la négation même des conceptions fondamentales du Syndicalisme.

Et si on avait besoin d'une dernière preuve pour être bien convaincu que Syndicalisme et Anarchisme ne sauraient être confondus, il n'y aurait qu'à se rappeler l'acharnement mis par les *Temps nouveaux*, organe du vieil Anarchisme, à combattre le Syndicalisme et ses doctrines. Cet acharnement ne le cède en rien à celui dont fait preuve, contre le même adversaire, le *Socialiste*, revue officielle du Guesdisme. Il est bien vrai qu'une fraction de l'Anarchisme, la fraction prolétarienne, évolue, sous le nom d'*Anarchisme ouvrier*, vers le Syndicalisme et tend à opérer sa jonction avec lui; mais cet anarchisme tourne, de fait, le dos aux théories anarchistes traditionnelles et ses membres sont considérés par les anarchistes orthodoxes comme des renégats et des traîtres à la cause.

Ce n'est donc pas sans raison que le Syndicalisme émet la prétention d'être une forme neuve, vivante et spéciale du Socialisme révolutionnaire. Sur les points les plus essentiels ils se différencie de toutes les formes anciennes. Il a, nous l'avons vu, ses conceptions à lui, sa tactique propre, ses moyens de lutte distincts, son organisation particulière. Son originalité, par conséquent, n'est pas contestable.

CHAPITRE IV

IDÉES ET SYSTÈME SYNDICALISTES

I. Existence d'une doctrine syndicaliste. — II. Formation de cette doctrine. — III. Ses principales lignes : but du Syndicalisme ; bases du Syndicalisme ; Syndicalisme et Etat ; Syndicalisme et capitalisme ; Syndicalisme et parti socialiste ; Syndicalisme et socialisme d'Etat ; Syndicalisme et paix sociale ; Syndicalisme et patriotisme ; Syndicalisme, pacifisme et antimilitarisme ; Syndicalisme et morale ; Syndicalisme et religion.

I. Existence d'une doctrine syndicaliste.

Le sujet a été déjà traité dans le chapitre précédent. Il n'y a qu'à réunir les éléments qui y sont contenus et à les coordonner pour avoir une idée du système syndicaliste. Il est vrai que le Syndicalisme se défend d'avoir un système arrêté. Il n'a pas, dit-il, comme le Socialisme orthodoxe coulé ses aspirations dans quelques formules abstraites, immuables et définitives qu'il entend, de gré ou de force, imposer à la vie. Il s'avoue incapable de nous dire, à l'avance, ce que sera demain. Il n'a pas en poche une constitution tout arrêtée pour la nouvelle Salente. Ce sont les circonstances, le temps, l'expérience, l'ingéniosité qui montreront ce qui sera le meilleur et qui se chargeront d'arranger bien des choses. A l'heure opportune, les institutions surgiront, comme d'elles-mêmes, sous la seule pression des événements et des besoins. A mesure qu'on ira, on découvrira des horizons nouveaux, des perspectives imprévues, des méthodes insoupçonnées, des réalisations possibles et encore inaperçues; l'on s'organisera en tenant compte de toutes ces révélations et en mettant à profit l'expérience acquise.

Lorsque, au moyen âge, remarque-t-il, commença à se dessiner le mouvement des Communes, personne ne pouvait prévoir son aboutissement précis et annoncer sur quelles bases exactes serait édifiée la société que l'on voulait substituer à la féodalité. Aucun plan complet de reconstruction sociale n'existait dans l'esprit des honnêtes bourgeois qui s'attelèrent à l'œuvre de démolition du vieil édifice : la seule chose qui fût bien arrêtée, c'est qu'ils voulaient s'affranchir de la tutelle seigneuriale. Résolus d'aboutir, ils prêtèrent leur concours à ces énergies évolutrices que les collectivités portent en elles, comme les individus, et, sous l'influence combinée de la tenace persévérance des hommes et des irrésistibles forces de la nature, s'opéra petit à petit, sans secousse et sans heurt trop violent, une transformation aussi profonde et aussi difficile que la transformation rêvée par le prolétariat d'aujourd'hui. Ainsi procèdera-t-on cette fois encore.

Ce qui distingue le Syndicalisme c'est sa continuelle évolution. Il n'est figé dans aucune théorie, il n'a pas d'idée préconçue, il cherche dans la vie de tous les jours et dans les besoins immédiats du moment sa tactique et la solution des problèmes. Sa méthode est essentiellement expérimentale et par conséquent aux antipodes des méthodes socialistes. Elle rompt complètement avec l'apriorisme des formules scientifiques chères à Karl Marx et à ses disciples. Les syndicalistes, philosophes de l'action, sont comme des physiciens ou des chimistes allant sans parti pris et sans préjugé, d'expérience en expérience, à la découverte des vérités sociales. Ils n'ont eu, jusqu'ici, ni le temps ni le désir d'édifier un système; ils commencent par agir, ils dogmatiseront quand ils n'auront plus rien à faire.

Quoiqu'il en dise, le Syndicalisme a bien ses doctrines. Elles peuvent ne pas être définitives ou complètes; il est possible qu'il soit amené à les modifier et même à les modifier profondément; mais il y a des points qui paraissent acquis et dont l'ensemble forme un système qui se précise tous les jours.

II. Formation de la doctrine syndicaliste.

« Les idées syndicalistes, disait Hubert Lagardelle, en août 1907, au Congrès de Nancy, c'est la classe ouvrière elle-même qui les a dégagées au cours de son expérience, en dehors de toute influence extérieure. que dis-je? contre toute influence extérieure. Oui, cette conception nouvelle sort des entrailles mêmes du prolétariat, c'est la vie qui la lui inspire quotidiennement, et si, loin d'avoir l'artificielle clarté des théories inventées de toutes pièces, elle est parfois confuse comme la vie elle-même, elle s'éclaire malgré tout au feu de l'action [1]. »

Le fait est peut-être vrai, mais ces idées élaborées très lentement et sans beaucoup de

1. *Le Parti socialiste et la Confédération Générale du Travail*, p. 17.

Victor Griffuelhes a écrit de son côté : « On assiste aujourd'hui à un curieux spectacle. Les uns s'efforcent de rattacher les origines du mouvement ouvrier actuel aux principes posés par la conception anarchiste; les autres s'appliquent, au contraire, à les trouver dans la conception socialiste, — je veux dire dans la conception anarchiste et la conception socialiste telles que la tradition et l'histoire de ces trente dernières années nous les ont fait connaître.

« A mon sens, le mouvement ouvrier actuel ne remonte à aucune de ces sources. Il ne se rattache directement à aucune des deux conceptions qui voudraient se le disputer : il est le résultat d'une longue pratique créée bien plus par des événements que par tels ou tels hommes. Et cette pratique est loin d'avoir eu une marche régulière : les incohérences la caractérisent, les contradictions la jalonnent. Et il en est ainsi parce qu'elle n'est pas le produit d'une action exercée en vertu seulement de principes, mais d'une vie chaque jour renouvelée et modifiée. » *L'Action syndicaliste*, p. 3.

suite, seraient probablement restées longtemps à l'état de « poussière d'étoile » s'il ne s'était trouvé pour les recueillir, les coordonner, les compléter et les expurger des hommes comme Edouard Berth, Hubert Lagardelle Georges Sorel et les autres rédacteurs du *Mouvement socialiste.* Ces transfuges de la bourgeoisie ont mis au service de la classe ouvrière leur culture intellectuelle, leur esprit scientifique et leur incontestable talent. Il ont, comme l'a écrit l'un d'entr'eux, « dans la mesure où elles leur étaient accessibles exprimé ses intuitions et enregistré ses expériences ».

Georges Sorel est le plus vigoureux et le plus personnel des théoriciens du Syndicalisme. Comme les autres, il proteste qu'il n'entend pas indiquer au prolétariat sa route. Il n'est pas contestable, malgré cela, qu'il ne soit le grand promoteur du Syndicalisme doctrinal et que son action n'ait été très considérable dans l'orientation présente du mouvement révolutionnaire.

Le premier il a signalé les déviations qu'on a fait subir au marxisme et montré que les conceptions du Maître ne pouvaient trouver leur réalisation intégrale que dans une organisation ouvrière basée sur la séparation des classes et l'action directe. Il a souligné les singulières analogies qui existent entre le Syndicalisme et le marxisme expurgé de tout ce qui n'est pas spécifiquement marxiste. Avant tout autre aussi, lui, qui a horreur des prophéties et entend n'être qu'un enregistreur de phénomènes présents, il a annoncé que la grève générale serait le moyen de réaliser la grande « catastrophe » prévue par Marx. C'est de ses œuvres que l'on peut le mieux dégager les idées directrices du Syndicalisme [1].

Ç'a été une rare bonne fortune pour celui-ci de trouver de pareils hommes pour préciser ses aspirations et synthétiser ses vues. Ils ont tiré des faits les enseignements que ceux-ci renfermaient et, tout en s'abstenant de dog-

1. Ceux des écrits de Georges Sorel que l'on peut considérer comme contenant le mieux la pensée de l'auteur sur la matière qui nous occupe sont : *La Décomposition du Marxisme ; L'Avenir socialiste des syndicats ;* Les *Réflexions sur la violence.* — Le *Mouvement Socialiste* est la Revue officielle du Syndicalisme; c'est dans ses colonnes qu'est menée la campagne syndicaliste au point de vue idées.

matiser, ils sont arrivés à constituer un véritable corps de doctrine à l'usage du prolétariat organisé. On peut dire qu'ils ont révélé le Syndicalisme non seulement à la classe bourgeoise qui de ce redoutable mouvement ignorait tout sauf certaines manifestations extérieures violentes, mais à la classe ouvrière elle-même qui n'en connaissait guère davantage ni les aspirations, ni la tactique, ni la portée.

Très peu nombreux sont, encore aujourd'hui, parmi les syndiqués et même parmi les affiliés à la Confédération Générale du Travail ceux qui savent au juste ce qu'est le Syndicalisme, ce qu'il veut et ce qu'il compte faire pour arriver au but qu'il s'est fixé. La masse des travailleurs ne s'attarde pas aux théories, elle se préoccupe peu des doctrines, elle va droit à l'action. Elle marche, suivant ses propres impulsions ou obéissant à ses meneurs, sans beaucoup se soucier si ses gestes cadrent avec un plan qu'elle ignore et s'ils s'harmonisent avec des conceptions qu'elle ne s'est pas donné la peine d'étudier. Elle a les allures d'une troupe d'irréguliers qui se ruent à la bataille.

Son éducation n'est pas faite. Elle connait

à peine les principes les plus élémentaires du nouvel évangile socialiste. C'est ce qui explique le caractère cahotique, désordonné, violent, presqu'anarchique de la plupart de ses actes. Elle est exposée à suivre ses instincts beaucoup plus qu'une méthode scientifique et on risquerait de se faire une idée très inexacte du Syndicalisme si on voulait le juger d'après les procédés qu'elle emploie souvent encore.

Les ouvriers « conscients » ne forment, même à l'heure actuelle, qu'une infime minorité ; ils sont les seuls vrais représentants de l'idée syndicaliste ; les autres nuisent à la cause presqu'autant qu'ils la servent, ils ne sont bons qu'à faire nombre. Ce n'est pas à eux, mais aux initiés, aux dirigeants, aux intellectuels qu'il faut demander le secret des doctrines que nous allons essayer de résumer.

III. Principales lignes de la doctrine syndicaliste.

1° *But du Syndicalisme.* — Il poursuit la suppression du salariat et du patronat sous toutes leurs formes et, à la place « du régime de contrainte » actuel, il veut établir un régime de liberté. Il entend que le travail soit libre dans la société libre. Son but est de débarrasser l'atelier de toute tutelle du dehors et d'y substituer à la discipline imposée par un maître la discipline volontaire des travailleurs associés, mais non hiérarchisés. Il croit qu'il n'y a qu'un moyen d'affranchir le travailleur, c'est d'affranchir le travail. « L'ouvrier, dit-il, n'est esclave que parce que le métier est serf. » Il n'ignore pas que l'unité d'action est indispensable ; mais il ne veut pas d'une unité qui vienne du dehors, qui ait son principe dans la direction ou le commandement d'un chef ; l'unité nécessaire doit être le fait de l'entente, de la bonne volonté, de la communauté d'aspirations et d'intérêts des producteurs.

En même temps qu'il tend vers ce but que l'on pourrait appeler but éloigné, le Syndicalisme en poursuit un autre plus immédiat qui n'est que le moyen d'atteindre le premier. Il se propose de grouper les ouvriers dans leurs cadres naturels, de les unir fortement, de faire leur éducation morale comme le capitalisme fait leur éducation technique, de leur donner conscience de leur force, de leur apprendre à se servir de leur puissance, de les former aux luttes de classe, de les mettre en état non seulement de renverser toute l'organisation capitaliste et « tout le système d'idéologie traditionnelle », mais de remplacer les institutions existantes par des institutions nouvelles capables de faire face à tous les besoins de la production et de la distribution établies sur d'autres bases.

Jusqu'ici, même après les atteintes qu'a subies son autorité, c'est le patron qui commande dans l'atelier, c'est lui qui porte les responsabilités et prend les initiatives. Le Syndicalisme entend transformer tout cela. Il voudrait réduire le patron à l'état de simple bailleur de fonds et de fournisseur d'outillage. Les ouvriers associés seraient, moyennant une redevance représentant l'intérêt des capitaux à eux avancés, leurs propres maitres ; ils auraient la direction de l'entreprise et se partageraient les bénéfices. Un jour même doit venir où avec leurs réserves ils pourront acquérir la propriété collective des moyens de production. Actuellement, le capital salarie le travail; avec le nouvel ordre de choses, le contraire se produira; c'est le capital qui sera au service du travail et se trouvera salarié par lui.

Qu'on ne dise pas que c'est une utopie de songer à confier aux ouvriers la direction de l'atelier. Il y a parmi eux, assurent les syndicalistes, des hommes très capables de la prendre. Cette capacité n'est pas l'apanage exclusif des travailleurs intellectuels. Des travailleurs manuels la possèdent à un haut degré. Ne voit-on pas tous les jours, en effet, des industriels préférer, comme directeur, un ouvrier intelligent sorti du rang à un technicien sorti des écoles? Les grandes Unions anglaises ont facilement trouvé dans leur sein des hommes pour les diriger et il existe, dès maintenant, des commandites d'atelier marchant bien et donnant un excellent travail qui prouvent la possibilité de substituer une discipline interne et librement consentie à la discipline externe imposée par le capitalisme [1].

2° *Base du Syndicalisme.* — Il repose sur l'association égalitaire; car, pour lui, association est synonyme de puissance, de richesse, de capacité centuplée; tandis qu'isolement signifie faiblesse, misère et stérilité. Mais il ne veut associer que des hommes appartenant à la même classe. Il proclame tout autre grou-

1. Le Congrès corporatif d'Amiens de 1906, dont il a été déjà plusieurs fois parlé, précise ainsi le but poursuivi par le Syndicalisme.

« Dans l'œuvre revendicatrice quotidienne, le Syndicalisme poursuit la coordination des efforts ouvriers, l'accroissement du mieux-être des travailleurs par la réalisation d'améliorations immédiates, telles que la diminution des heures de travail, l'augmentation des salaires, etc. Mais cette besogne n'est qu'un côté de l'œuvre du Syndicalisme; il prépare l'émancipation intégrale qui ne peut se réaliser que par l'expropriation capitaliste; il préconise comme moyen d'action la grève générale et il considère que le syndicat, aujourd'hui groupement de résistance, sera, dans l'avenir, le groupe de production et de répartition, base de réorganisation sociale;

« Le Congrès déclare que cette double besogne quotidienne et d'avenir découle de la situation des salariés qui pèse sur la classe ouvrière et qui fait à tous les travailleurs, quelles que soient leurs opinions ou leurs tendances politiques ou philosophiques, un devoir d'appartenir au groupement essentiel qu'est le syndicat. »

pement sans cohésion durable et contre nature. Il exclut impitoyablement de ses syndicats les politiciens, les bourgeois, les fonctionnaires et tous ceux qui ne vendent pas à un patron leur force de travail. Pour y être admis il faut être un salarié. Les syndicats ne sont pas seulement des instruments de lutte, il sont aussi des écoles d'éducation ouvrière et des foyers d'énergie prolétarienne. En attendant qu'ils deviennent les cellules constitutives de la société régénérée, ils fournissent aux travailleurs conscients le moyen de centupler leurs efforts en unifiant leur opposition à la société bourgeoise.

Là, les producteurs sont placés dans leurs cadres naturels et réunis sur leur terrain propre : le terrain de la production. Organisés en classe, ils marchent à la conquête de l'atelier capitaliste dont ils veulent faire l'atelier socialiste. Toute la révolution sociale est contenue dans cette transformation fondamentale de l'atelier. L'atelier est le champ de bataille de leur activité révolutionnaire ; ils le conçoivent non seulement sans maître, mais hautement progressif.

C'est sur son plan que se modèlera la cité future. Tout ce qui n'est pas fonction de cet atelier devra disparaître : « Donc, en première ligne, l'État qui représente par excellence la société non productrice, la société parasitaire. On peut dire que pour le Syndicalisme ce qui prime tout c'est l'*impératif catégorique de la production :* une production se perfectionnant de plus en plus, tel est le but à atteindre et le postulat fondamental de sa philosophie de la vie... Ramener tout à la production, subordonner à la production les fonctions sociales improductives ; avant tout, voir dans l'homme un travailleur et dans le travail la réalisation la plus complète, la plus riche de la nature humaine, tel est l'idéal syndicaliste. [1] »

1. Ed. BERTH, *Esprit démocratique et esprit socialiste*, art. des *Pages libres*, du 9 avril 1904, p. 283.

« Le syndicat ne groupe par définition que des ouvriers, à l'exclusion des membres de toute autre classe. Et lorsqu'il prend l'ouvrier, il le prend comme tel, comme producteur, touchant ainsi en lui la qualité qui lui est essentielle, celle qui fait sa vie. Du matin jusqu'au soir, le travailleur salarié est pris par l'œuvre de production, toute son existence se déroule dans l'atelier, et c'est autour de l'atelier que gravitent toutes ses préoccupations et toutes ses pensées. C'est là vraiment, c'est dans le Syndicat qui est le prolongement de l'atelier, que se

Le Syndicalisme n'entend pas que ses sections soient conduites par des avocats sans causes, des médecins sans malades et sans science, des étudiants de billard, des journalistes pauvres de talent, mais riches d'ambition, des commis-voyageurs beaux parleurs, des employés de magasin bien cravatés, des politiciens en quête d'un siège électif, des déclassés cherchant une carrière et une issue. De ces bourgeois, qui ont jusqu'ici formé les états-majors socialistes, on ne veut plus. Ils ont fait leurs preuves. Elles ont été déplorables. Ils ne sont que des parasites vivant de l'ouvrier sous prétexte de le servir et de le défendre.

forme la psychologie des producteurs, que leur cohésion s'opère, que leur fusion se réalise. Séparés des autres classes par les limites mêmes de leur groupement, protégés contre toute infiltration étrangère, ils supportent les mêmes luttes et éprouvent les mêmes réactions. Les différences philosophiques, religieuses et politiques s'effacent et il ne reste plus que des ouvriers forcés de défendre des intérêts communs contre des ennemis identiques. Et l'unité morale, qui transforme leur masse amorphe en bloc vivant, se forme ainsi peu à peu, par le développement progressif de la conscience de leur solidarité. » HUBERT LAGARDELLE, *Le Parti socialiste et la Confédération Générale du Travail*, pp. 21 et 22.

C'est aux travailleurs à s'organiser, à se gouverner eux-mêmes, à acquérir les capacités nécessaires pour diriger l'industrie. Seuls ils doivent entrer dans les cadres de leurs groupements. Mais, si les salariés seuls peuvent faire partie des syndicats prolétariens, tous les salariés ont le droit d'y pénétrer, quelles que soient leurs opinions politiques, leurs préférences philosophiques ou leurs convictions religieuses. On ne leur demande que de prêter un concours loyal au mouvement qui doit aboutir à l'émancipation de la classe ouvrière. Le Syndicalisme suppose le sacrifice constant de l'intérêt particulier à l'intérêt supérieur de la classe; il repose sur l'abnégation de ses membres, auxquels il demande un dévouement sans borne à la cause jusqu'au jour où elle aura triomphé de tous les obstacles et de toutes les oppositions.

3° *Le Syndicalisme et l'Etat.* — Poursuivant l'émancipation intégrale du travailleur le Syndicalisme ne se borne pas à vouloir le libérer du capitalisme, il veut le soustraire au joug de l'Etat qu'il cherche à briser. L'Etat, nous l'avons fait remarquer plus haut, doit disparaître comme le patronat ; lui aussi a fait son temps. Loin d'être, toujours, une institution indispensable, il n'est plus, aujourd'hui, qu'une machine surannée, qu'un obstacle à la réalisation de l'idéal socialiste. Ceux qu'anime la volonté d'atteindre cet idéal disent avec Engels : « A un certain degré du développement économique, qui était nécessairement lié à la scission de la société en classes, cette scission fit de l'État une nécessité. Nous nous approchons à grands pas d'un degré de développement de la production où, non seulement l'existence de ces classes a cessé d'être une nécessité, mais où elle devient un obstacle positif à la production. Les classes disparaîtront aussi fatalement qu'elles ont surgi. Et avec elles s'écroulera inévitablement l'État. La société qui organisera la production sur les bases d'une association libre et égalitaire des producteurs transportera toute la machine de l'État, où sera dès lors sa place, dans le musée des antiquités [1]. »

1. Engels, *Origines de la Famille, de la Propriété privée et de l'État*. Trad. franç., p. 281.

Puisque l'État est condamné à disparaître, il faut bien se garder de le consolider en étendant ses pouvoirs, en multipliant ses fonctions et en augmentant le nombre de ses monopoles : donc, pas d'accroisement des services publices, pas d'étatisation des moyens de production, comme le demandent les Marxistes et les Socialistes d'État. « C'est un mauvais système pour détruire quelque chose que de commencer par le fortifier. Et ce serait augmenter la force de résistance de l'État que de favoriser l'accaparement par lui des moyens de production, c'est-à-dire de domination... L'État — c'est-à-dire l'ensemble des services publics constitués — n'est pas une institution qui n'a besoin que de corrections par ci, de corrections par là. Il n'y a pas à le perfectionner, il n'y a qu'à le supprimer [1]. »

C'est à cette suppression que, dès maintenant, s'appliquent les syndicalistes, tout en s'abstenant de participer directement à la vie parlementaire. Ils ne placent pas la lutte sur le terrain politique, parce qu'ils ne visent pas

1. GABRIEL DEVILLE, *Aperçu sur le Socialisme scientifique*, pp. 16, 17.

à une simple modification du personnel gouvernemental; mais bien « à la réduction de l'Etat à zéro en transportant dans les organismes syndicaux les quelques fonctions utiles qui font illusion sur sa valeur et en supprimant les autres purement et simplement ».

Quoi qu'ils ne cherchent pas à entrer dans les assemblées législatives et à y envoyer des mandataires, ils ne se désintéressent pas de la forme du Pouvoir. Ils le veulent le moins lourd, le moins oppressif possible, et ils travaillent à le rendre tel « par une action sociale qui, pour se manifester du dehors, n'en est pas moins efficace. A la tactique de la *pénétration* qui entraînerait la classe ouvrière à faire, fatalement, acte de parti, il oppose et préfère la tactique de la *pression extérieure* qui dresse le prolétariat en bloc de classe sur le terrain économique [1] ».

Ainsi le Syndicalisme ne lutte pas seulement et directement contre les patrons, il lutte tout aussi résolument — sans se mêler à l'œuvre gouvernementale — contre l'Etat,

1. Emile Pouget, *La Confédération Générale du Travail*, pp. 45, 46.

« qui est l'expression défensive du patronat et, par cela même, en est le souteneur obligé ». Il cherche à lui arracher insensiblement toutes ses attributions; son but est de « vider l'organisme politique bourgeois de toute vie et de faire passer tout ce qu'il contenait d'utile dans un organisme politique prolétarien créé au fur et à mesure des possibilités [1] ».

En un mot, le Syndicalisme révolutionnaire se pose comme rival et adversaire de l'Etat. L'Etat représente le pays, le peuple, toutes les classes. Il est conservateur de ce qui est. Le syndicats, dans l'esprit des meneurs de la Confédération Générale du Travail, représente la classe ouvrière allant à la conquête de l'autonomie. Il ignore l'existence du pays, du peuple, de la nation. S'il s'en souvient, c'est pour agir contre eux parce que dans ces « idéologies juridiques », créations artificielles du droit, comme il les appelle, il ne voit que fiction, que mensonge, que sanction d'esclavage. Il va de l'avant uniquement préoccupé des intérêts de la classe prolétarienne; il n'a nul

1. Georges Sorel, *L'Avenir socialiste des Syndicats*, p. 51.

souci si ces intérêts vont contre ceux de la nation. La politique révolutionnaire est la politique de la classe ouvrière combattant celle de la classe bourgeoise synthétisée dans l'Etat. Elle ne respecte pas l'unité nationale, elle est la politique d'un Etat en formation dans et contre l'Etat traditionnel.

L'Etat traditionnel, représenté par le Gouvernement, est le grand facteur d'oppression du prolétariat. Tout ce qui dans le domaine social, de par les conditions de vie et de travail imposées à l'ouvrier, fait un devoir à celui-ci de réagir, de lutter pour sa propre sauvegarde est saisi, réglementé, réduit, morcelé par l'Etat. De sorte que l'ouvrier est dans l'alternative ou de déclarer la guerre à l'Etat et d'essayer de le détruire ou de se résoudre à ne penser, agir, lutter et travailler que selon les règles restrictives de l'Etat [1].

1. « Les ouvriers français ont vu le Pouvoir populaire à l'œuvre, et ils ont constaté que ni le changement de personnel gouvernemental, ni la transformation des institutions politiques n'avaient modifié l'essence de l'Etat. La forme s'est renouvelée, mais le fond a persisté, et la machinerie étatique demeure toujours la même puissance de coercition au service des détenteurs de l'autorité po-

L'opposition à l'État, comme le fait remarquer Hubert Lagardelle, a débuté avec la présence des forces gouvernementales — police et armée — dans les conflits entre ouvriers et capitalistes. Cette opposition a d'abord été limitée aux représentants de ces forces auxquelles se heurtaient les travailleurs dans leurs grèves. Mais, peu à peu, elles se sont étendues à l'ensemble du mécanisme gouvernemental et l'État est apparu aux producteurs, non plus comme une providence, mais comme un tyran. Et, de même que le syndicat s'était donné pour mission d'enlever au patron ses fonctions dans l'intérieur de l'atelier,

litique. Et c'est précisément la déception que les travailleurs français ont éprouvée en constatant l'identité de l'Etat sous la diversité de ses formes, qui leur a dévoilé la vraie nature du Pouvoir. Dès ce moment ils ont résolu non plus de changer le Gouvernement, mais de le supprimer. Voilà pourquoi, tandis que les producteurs de la plupart des autres pays accusent de leurs maux le mécanisme insuffisamment populaire de l'Etat, tandis qu'ils attendent encore leur salut de la venue d'hommes politiques favorables, les prolétaires de France, qui ont épuisé tous les modes du Pouvoir, se révoltent contre le Démocratisme, le dernier et non le moins trompeur de ses aspects. » UBERT LAGARDELLE, *Syndicalisme et Socialisme*, pp. 36 et 37.

il s'efforce d'arracher à l'Etat ses fonctions dans l'intérieur de la société. Il tend à lui enlever toutes les attributions qu'il a abusivement monopolisées et qui ont trait au monde du travail, pour les prendre pour lui seul à qui elles reviennent de droit. Ni accaparer l'Etat, ni le perfectionner, mais le détruire : tel est le mot d'ordre du Syndicalisme.

Les syndicalistes ne sont partisans ni d'une législation ouvrière, ni de réformes octroyées par les Pouvoirs, ni d'une reconnaissance officielle de leurs groupements, ni même d'améliorations de détail spontanément offertes par l'Etat dont ils dédaignent les présents et dont ils repoussent la tutelle. Il l'accusent de vouloir par ses avances « canaliser et énerver la force ouvrière » et de chercher, par quelques allocations, à faire des syndicats « ce que l'Empire avait tenté de faire des sociétés de secours mutuels : des auxiliaires du Gouvernement ».

Ils disent avec Griffueilhes : « Les institutions que les Gouvernements ont créées ont un but suspect. Ces institutions déplacent notre action en la mettant sous la tutelle du Pouvoir. Avec elles l'organisation ouvrière deviendrait un organisme de l'Etat [1]. »

Malgré les inconvénients qu'elles peuvent

1. « Lutter toujours, sans cesse ni répit, tenir l'esprit de révolte des ouvriers toujours en éveil, ne jamais se déclarer satisfait — et les travailleurs peuvent-ils l'être tant qu'ils restent des exploités!! — telle est sans conteste la tactique la plus sûre.

« Que, pour tenter d'enrayer un mouvement de la classe ouvrière, l'Etat bourgeois formule en articles de loi la ou les revendications qui animent le monde du travail et leur donne ainsi sa sanction, cela, en réalité, importe peu.

« Les travailleurs savent bien qu'il ne suffit pas qu'une de leurs renvendications soit codifiée pour qu'elle devienne une réalité. Ils ont appris, au contraire, par expérience, qu'une forte organisation ouvrière est toujours nécessaire et indispensable pour la faire appliquer; sans quoi, codifiée ou non, la revendication aura des chances de rester lettre-morte. C'est parce qu'ils n'ignorent plus cela, à présent, que les travailleurs se soucient peu de ce que l'on a pompeusement appelé « la législation ouvrière ». Et c'est également parce qu'ils n'ignorent pas tout l'arsenal de ces lois — si incomplètes et si mal bâties pour la plupart qu'elles deviennent inutiles et inapplicables — qu'ils restent sceptiques à leur égard. Mais c'est aussi parce que la « loi » ne fait que renforcer l'Etat bourgeois que l'on ne peut qu'aspirer à détruire, lorsque l'on s'est donné pour but *la disparition du salariat et du patronat*, qu'à la Confédération l'on ne se préoccupe que peu de faire passer en des textes de lois les revendications des travailleurs dont on poursuit l'application. » Paul Delesalle, *La Confédération Générale du Travail*, p. 24.

offrir en faisant patienter la classe qui souffre et en calmant ses colères, ils ne rejettent pas les améliorations possibles et les réformes transitoires avantageuses; mais ils ne veulent pas les devoir aux Pouvoirs publics qu'ils entendent contraindre à les accorder. Presque tous les dirigeants du mouvement, suivant la remarque de G. Sorel, répètent, chaque fois qu'une occasion se présente, « qu'il ne s'agit pas d'aller demander des faveurs; mais qu'il faut profiter de la lâcheté bourgeoise pour imposer la volonté des prolétaires ».

Toute la doctrine syndicaliste par rapport à l'Etat peut se résumer dans ces paroles de Vaillant, au Congrès de Nancy, en août 1907 : « Le jour où à Raon-l'Etape ou sur tel autre point du territoire les soldats, qui sont des ouvriers, qui, le lendemain, rentreront à l'usine, tirent des coups de fusil parce que leur maître, le Gouvernement, leur a commandé de tirer, les syndicats les moins avancés comprennent qu'il faut désarmer l'Etat de ces soldats, de ces fusils, et qu'il leur faut combattre de toutes façons et de tous leurs efforts, et comme le patronat, cet Etat, armé contre le prolétariat, pour le patronat. Qu'on appelle cette action contre l'Etat armé, antimilitarisme ou antiétatisme, les mots n'y font rien, il y a là une action révolutionnaire nécessaire dont le terme est la suppression de l'Etat. »

4° *Le Syndicalisme et le Capitalisme.* — L'article fondamental du programme syndicaliste est la suppression du patronat et la substitution à l'atelier capitaliste de l'atelier socialiste, c'est-à-dire de l'atelier sans maître, de l'atelier propriété des travailleurs associés, soustraits à toute autorité étrangère et n'admettant d'autre discipline que celle qu'ils se seront librement imposée eux-mêmes. Mais les syndicalistes, au moins les syndicalistes intelligents et réfléchis, reconnaissent que le monde ouvrier n'est pas encore prêt pour cette substitution. L'éducation du prolétariat n'est pas suffisamment faite ; vouloir le charger, à l'heure actuelle, d'assurer la production et la distribution serait une tentative souverainement imprudente. On s'exposerait à retarder pour de nombreuses années l'avènement de la cité rêvée et, peut-être, à compromettre irrémédiablement la refonte sociale que l'on poursuit.

Il faut attendre. Le moment propice viendra ; il appartient aux travailleurs d'en hâter la venue en se préparant activement à la mission qui les attend et au rôle économique qu'ils auront à jouer. Ils ont besoin, non seulement des qualités professionnelles sans lesquelles ils seraient au-dessous de leur tâche matérielle, mais encore des vertus morales sans lesquelles ils ne sauraient utilement assumer la direction de l'atelier socialisé.

Tout en étant fermement décidé à détruire le capitalisme, le Syndicalisme ne méconnait pas ses mérites. Il reconnait qu'il a rendu d'immenses services : et à la production qu'il a intensifiée en perfectionnant l'outillage et en transformant les anciens procédés de travail ; et à l'atelier qu'il a puissamment organisé et savamment adapté aux besoins de la grande industrie ; et à la classe ouvrière qu'il a assouplie, disciplinée et éduquée. Parfois, il a eu la main très dure, mais on ne lui en fait pas un grief; on avoue que c'était nécessaire.

« Le capitalisme, écrivait Ed. Berth dans le *Mouvement socialiste* de mai 1905, a été obligé de vaincre l'esprit d'insubordination, l'anarchisme individualiste de ces masses ouvrières habituées jusque-là au travail libre et indépendant de la terre. Il a été un éducateur brutal, mais y a-t-il éducation sans quelque rudesse et peut-on vaincre la paresse, l'insubordination inhérentes à l'homme sans une discipline stricte et rigoureuse ? Le capitalisme, comme la guerre, a été un grand instituteur de l'humanité. »

Il n'y a pas jusqu'à ses excès qui n'aient eu leurs avantages. Ils ont servi à grouper les ouvriers qui, poussés par l'instinct de la défense, se sont associés pour opposer à la force patronale une force capable de se mesurer avec elle et de lui tenir victorieusement tête. Les abus du capitalisme ont plus fait pour la création du mouvement syndicaliste que tous les efforts et toutes les conférences des militants du Socialisme. Il a engendré lui-même son « fossoyeur ».

En attendant qu'ils puissent supprimer le capitalisme et se substituer à lui, les travailleurs doivent s'appliquer à deux choses : à affaiblir progressivement l'autorité du patron dans l'atelier, en faisant plus large, chaque jour, dans l'intérieur de l'usine la part d'administration et de contrôle des ouvriers ; à contraindre le capitalisme à intensifier sans relâche la production et à perfectionner les moyens de la réaliser, en exigeant sans cesse des augmentations de salaire et des diminutions d'heures de travail. Sous peine d'aller à la ruine il est bien contraint de prendre des mesures pour produire davantage et produire à meilleur compte.

De toutes ces améliorations et de tous ces progrès, « ses héritiers présomptifs » profiteront un jour ; c'est pour eux, en définitive, qu'il les réalise. Il est de leur intérêt de le tenir en haleine et de le forcer à toujours faire mieux. De la sorte, lorsque viendra l'ouverture de la succession, l'héritage sera plus considérable. Ceux qui sont appelés à le recueillir doivent, dans l'ardeur de leur propagande socialiste, veiller à ne compromettre aucune des acquisitions du régime capitaliste : agir autrement serait travailler contre eux-mêmes.

L'héritage qui les attend se compose de l'immense outillage et des vastes locaux que le patronat a créés, des merveilleux procédés de fabrication qu'il a inventés, des débouchés qu'il s'est procurés, des habitudes d'ordre et de discipline qu'il a su introduire dans l'atelier; en un mot, de tout le riche et puissant instrument de production qu'il a mis des siècles à trouver, à organiser et à perfectionner. Comme nous l'avons dit un peu plus haut, pour le moment le Syndicalisme se contente de surveiller le fruit, il l'aide à arriver à pleine maturité, il le cueillera quand il estimera que l'heure est venue.

5° *Syndicalisme et Parti socialiste.* — Entre la Confédération Générale du Travail et le Parti socialiste il y a plus qu'indépendance absolue, plus même que défiance et rivalité latentes, il y a un véritable antagonisme, et cet antagonisme se manifeste en toute occasion. Les syndicalistes ne se sont pas contentés de secouer le joug qu'on faisait peser sur eux et de s'affranchir de la tutelle dans laquelle on voulait continuer à les tenir; ils ont pris nettement position contre les politiciens dont l'action a pu être utile et bonne autrefois, mais ne correspond plus aux besoins de la situation présente. Ils ne voient dans le Parti socialiste qu'un parti électoral, ramasseur de mandats législatifs aujourd'hui, de portefeuilles ministériels demain. Ils ne veulent rien avoir de commun avec lui ; ils se regardent comme la seule véritable organisation révolutionnaire.

Ils se suffisent à eux-mêmes ; ils disposent de moyens de lutte et de victoire souverainement efficaces ; ils comptent sur eux et non sur la vertu magique des combinaisons de la politique ; ils se refusent à croire que l'émancipation du prolétariat soit subordonnée à la conquête de l'Etat : la transformation sociale ne s'opèrera pas par voie législative. Si elle veut s'émanciper, la classe ouvrière doit utiliser autre chose que l'organisme politique et administratif qui a servi à la bourgeoisie pour asseoir sa domination.

Le Syndicalisme et le Parti socialiste ne se composent pas des mêmes éléments. Le Syndicalisme n'admet dans ses cadres que des travailleurs, et plus particulièrement des travailleurs manuels, des salariés proprement dits, des prolétaires, des hommes, en un mot, appartenant tous à la même classe ; tandis que le Parti « embrasse, suivant l'expression de Guesde au Congrès socialiste de Nancy, toutes les activités, les plus cérébrales comme les plus musculaires, ingénieurs, chimistes, savants de toute nature, en mesure d'assurer le fonctionnement de la production supérieure de demain... » Bien plus, dans les rangs du Parti les patrons peuvent prendre place comme les ouvriers. Le Parti fond ensemble les classes, il les rapproche, au lieu de les placer en face l'une de l'autre et de les jeter dans un formidable corps-à-corps, comme entend le faire le Syndicalisme.

Le Syndicalisme et le Parti socialiste ne poursuivent pas le même but immédiat : celui-ci s'attache à la conquête du Pouvoir ; celui-là à la transformation de l'atelier et à la prise de possession des moyens de production.

Ils ne préconisent pas l'emploi des mêmes procédés : l'un veut que l'on arrive par le jeu ou légal ou révolutionnaire des institutions gouvernementales conquises ; l'autre par la violence et les mesures catastrophiques dont nous avons précédemment parlé.

Ils se font des idées diamétralement opposées du rôle des groupements professionnels. Le Syndicalisme voit en eux le grand instrument de lutte, d'expropriation, d'éducation ouvrière et de triomphe ; le Parti n'y aperçoit que des auxiliaires qui peuvent être précieux, mais à la condition d'accepter sa direction et de joindre leurs efforts aux siens. « L'action syndicale, pour le Parti socialiste, devrait être simplement la semence qui ferait pousser adhérents et électeurs, sans lesquels il ne peut exister. Le Syndicalisme devrait être uniquement le recruteur de forces que son effort — à lui Parti — est impuissant à lui procurer. Le mouvement ouvrier est le mineur, l'adolescent ; le Parti est le majeur, l'adulte ; il aurait pour rôle d'apprendre au Syndicalisme à se mouvoir, guidant ses pas, surveillant et protégeant sa marche. C'est à ses yeux le travailleur inhabile, inexpérimenté, incapable, ne pouvant parvenir à donner à ses luttes la portée nécessaire que par une mise en valeur que seul le Parti peut lui assurer et lui garantir.

« Le syndicat est l'organe qui balbutie les aspirations des ouvriers ; c'est le Parti qui les formule, les traduit et les défend. Car, pour le Parti, la vie économique et sociale se concentre dans le Parlement ; c'est vers lui que tout doit converger ; c'est de lui que tout doit partir. Le Parlement, le Pouvoir législatif, le Pouvoir gouvernemental sont à ses yeux le grand propulseur, le grand régulateur. Et, si le Parti admet une action populaire à côté de son action propre, c'est seulement pour renforcer son effort législatif et se faire une clientèle.

« En un mot, les travailleurs étant dans l'impossibilité de se défendre et de sauvegarder utilement eux-mêmes leurs intérêts devraient s'en remettre, pour une telle besogne, à nos aspirants députés et nos aspirants ministres [1] », car tant que l'Etat et tant que le Pouvoir politique sera aux mains de la bour-

1. V. GRIFFUELHES, *Les Objectifs de nos luttes de classes*, pp. 17 et 18.

geoisie, il n'y aura pas de révolution sociale possible.

Les syndicalistes entendent, au contraire, faire eux-mêmes et seuls leurs propres affaires ; ils refusent non seulement de se soumettre à la direction du Parti, mais encore de collaborer avec lui ; ils n'ont aucune confiance dans sa tactique. Combiner leur action avec la sienne serait aller à un insuccès assuré. On n'aboutirait qu'à briser le magnifique élan qui jette, en ce moment, la classe opprimée contre la classe exploitatrice et à ralentir un mouvement qui tôt ou tard doit donner la victoire. Pas d'action commune, pas de marche concertée et parallèle, pas de partie liée ; mais chacun pour soi et chez soi.

Le Parti socialiste est amené, qu'il le veuille ou non, à soutenir ce que le Syndicalisme veut détruire : l'organisation de la force qui protège la fabrique capitaliste et qui s'appelle l'Etat. Dans la mesure où il participe à la vie des institutions présentes, le Parti devient pour ces institutions un élément de conservation. Il ne peut entrer dans les ministères ou faire partie d'une majorité parlementaire sans être contraint de défendre l'Etat. D'ailleurs, au dire des militants de la Confédération Générale du Travail, l'expérience montre qu'il n'y a pas de pires réactionnaires que les socialistes, dès que ceux-ci arrivent au pouvoir.

En participant à la vie des institutions actuelles, le Socialisme a contribué à les démocratiser et à les rendre moins lourdes pour le prolétariat; mais est-ce là un bien sérieux avantage? N'est-il pas indiscutable, en effet, que plus l'action démocratique du Parti socialiste ira se développant, plus elle entrera en contradiction avec les exigences révolutionnaires du mouvement ouvrier, c'est-à-dire avec ses propres principes théoriques?

« Notre œuvre à nous, au contraire, disait Arturo Labriola, le 3 Avril 1907, à Paris, c'est en transfusant ces principes au sein des syndicats ouvriers, transformés en organes de l'intégrale lutte de classe, de les faire passer dans la pratique quotidienne et de les sauver de l'inévitable putréfaction a laquelle les condamne le Socialisme officiel. »

6° *Le Syndicalisme et le Socialisme d'Etat.* — Il y a un abîme entre le Syndicalisme et le Socialisme d'Etat; ils sont aux antipodes l'un et l'autre. L'un tend à supprimer l'Etat; l'autre à le fortifier en multipliant ses fonctions et ses monopoles, à le transformer en providence universelle. Celui-là ne veut rien lui emprunter et soutient que le prolétariat doit se créer, de toutes pièces, à lui-même ses instruments d'action comme ses instruments de lutte; celui-ci entend lui prendre ses cadres et utiliser son organisation en les adaptant. Le Socialisme d'Etat aboutit à étendre le domaine des institutions administratives existantes, à développer le champ d'action des rouages de la société présente et non pas à lui substituer, comme le réclament les syndicalistes, des organismes nouveaux de formation, purement ouvrière. Il fausse l'esprit des masses et fait dévier leur action.

Ainsi que l'écrivait Lagardelle dans *Pages libres*, il enlève au prolétariat toute confiance en lui-même, lui fait tout espérer de l'action providentielle de l'Etat et l'intéresse seulement au maintien et au renversement du personnel gouvernemental. Autant le Syndicalisme est une doctrine de combat et d'énergie, n'attendant rien que des efforts conscients du prolétariat lui-même, autant le Socialisme d'Etat est un principe de dissolution et une marque de lassitude et de faiblesse ; il compte sur l'intervention extérieure du Pouvoir pour réaliser ce que l'action personnelle devrait réaliser elle seule. Le premier est fait pour se développer dans les pays à large et pleine vie industrielle; le second convient aux nations en décadence économique, aux peuples anémiés, vieillis, sans idéal ni virilité. Le mot d'ordre et le cri de ralliement de tout socialiste soucieux de maintenir l'esprit révolutionnaire vivant et fécond dans les masses doit être : « l'émancipation des travailleurs, par les travailleurs eux-mêmes ». Il n'y a de vraie et d'efficace que l'action directe, c'est-à-dire que l'action personnellement exercée par les intéressés.

7° *Syndicalisme et Paix sociale.* — Le Syndicalisme révolutionnaire tient la paix sociale pour une utopie aussi dangereuse qu'absurde.

La paix n'est pas possible entre des classes qui ont des intérêts diamétralement opposés. Elle le deviendra, mais elle ne le deviendra que par le triomphe définitif du prolétariat, l'irrémédiable écrasement de la bourgeoisie et l'établissement général du régime socialiste.

En attendant, ce doit être la guerre, la guerre sans trêve, ni merci, ni repos entre des éléments sociaux qui sont nécessairement ennemis.

Rêver de trouver un *modus vivendi* dans lequel, par des concessions réciproques, les diverses classes sociales arriveraient à s'entendre, dans le respect des droits de chacun, c'est « courir après la quadrature du cercle », c'est vouloir « atteler ensemble l'agneau et le léopard ». Les travailleurs auraient tort de se laisser prendre à ce piège grossier; il faut qu'ils s'isolent de plus en plus dans leurs cadres corporatifs, qu'ils s'y enferment et gardent jalousement leur autonomie. Loin de chercher ce qui peut adoucir ou supprimer les conflits, ils doivent plutôt se préoccuper de les envenimer et de les entretenir. Que leur poudre soit toujours sèche; la lutte s'impose, ce n'est pas la main qu'il faut tendre, c'est le poing qu'il faut montrer.

Un des principaux buts du Syndicalisme révolutionnaire est de révéler leur force aux ouvriers, de les former en groupements de bataille, de développer leurs instincts de combat, de les dresser à une lutte dont il leur a démontré la nécessité, de leur fournir des armes et de leur en enseigner le maniement, de les conduire à l'assaut de l'atelier et de l'Etat. La lutte des classes et l'action directe du prolétariat constituent les articles fondamentaux de son *credo*.

9° *Syndicalisme et Patriotisme.* — Quoique le Syndicalisme laisse à ses adhérents la liberté d'être patriotes ou internationalistes, à leur gré; l'on doit reconnaître que la plupart de ses membres, surtout de ses membres les plus militants, font nettement profession d'antipatriotisme. Ne possédant pas la plus petite parcelle du sol national, vivant en paria sur la terre où il est né, étranger aux traditions morales de son pays, faute de pouvoir les saisir et les comprendre à cause de l'insuffisance de sa culture, le prolétaire ne saurait se faire de la patrie la même conception que le riche et le bourgeois. Le mot patrie est presque pour lui vide de sens. Sa grande, pour ne pas dire son unique préoccupation est d'échapper à la misère qui le guette et de s'assurer le pain quotidien. La patrie ne fut souvent pour lui qu'une dure marâtre, pourquoi se croirait-il obligé de la défendre? Il laisse ce soin à ceux qui possèdent et qui jouissent. Il n'a aucun intérêt à se faire tuer pour protéger ou pour reculer des frontières qui séparent des peuples que la communauté de mœurs, de caractère, d'origine, de langue, d'aspirations ou d'intérêts, devrait tenir unis.

Il est attaché au milieu où il est né et où il a grandi, mais il ne saurait y être attaché autrement que par le souvenir. Dès qu'il a l'âge d'homme, il est le plus souvent contraint de s'éloigner pour aller à la recherche du travail qui le fera vivre. Il doit courir le monde en quémandant de l'ouvrage. Il s'arrête là où un atelier ou un chantier lui est ouvert. Il s'y installe, il y travaille, il y vit, il y fonde un foyer, il y élève sa famille. Là est sa vraie patrie.

Peu importe si dans sa course vagabonde et incertaine il a franchi une de ces lignes purement conventionnelles que l'on appelle une frontière. L'incident est pour lui absolument sans conséquence. La seule chose qui lui importe réellement c'est de trouver à vendre son travail et à le bien vendre. Il a beaucoup plus d'affinités avec les prolétaires des pays étrangers qu'avec les bourgeois du pays où il est né et où il habite. Ceux-ci ne peuvent être pour lui que des adversaires dont tout le sépare ; ceux-là sont des frères en misère, des membres de sa classe, les seuls hommes avec lesquels il puisse s'entendre et faire œuvre commune [1]. Le prolétaire n'a pas de patrie, au moins de patrie au sens classique du mot ;

1. « Qu'est-ce donc au juste que la Patrie pour ces centaines de milliers d'exploités, qui, après avoir peiné à l'usine dix ou douze heures, n'ont même pas de quoi satisfaire leurs besoins primordiaux, alors qu'en face de l'usine, du bagne, se dresse le château patronal.

« Exploiteurs allemands, français, anglais ont des intérêts communs, cela est indéniable ; également, ouvriers allemands, français, anglais ont des aspirations identi-

il n'a donc pas de raison d'être patriote. Il laisse cela aux « grands ancêtres » de 1792 et aux socialistes à panache de l'école de Guesde. Sa seule patrie à lui, c'est sa classe, la collectivité des travailleurs; la patrie territoriale, il la répudie comme une marâtre et une exploiteuse.

« Aujourd'hui, fait remarquer Edouard Berth, le patriotisme révolutionnaire a vécu; quelque chose d'autre a surgi, un sentiment nouveau est né : l'idée de classe se substituant à l'idée de patrie et marquant la scission du peuple d'avec l'Etat et d'avec la Démocratie. En effet, avec le Syndicalisme une opposition étrange a éclaté entre la Démocratie et le Socialisme, entre le citoyen et le producteur, opposition qui a pris son aspect le plus cru, en même temps que le plus abstrait, dans la né-

ques. Quels intérêts, par contre, peuvent-ils avoir à s'entretuer, eux qui, après comme avant une guerre meurtrière dont ils feraient les frais, resteraient des exploités.

« C'est là ce qu'ont compris, aujourd'hui, les travailleurs et pour ces raisons la propagande internationaliste et antimilitariste ne se justifie que trop. » PAUL DELESALLE, *Les Bourses du Travail*, p. 41.

gation résolue de l'idée de patrie, identifiée avec l'idée d'Etat [1]. »

10° *Syndicalisme, Pacifisme et Antimilitarisme.* — Le Syndicalisme n'est pas pacifiste; sans être partisan des grandes tueries humaines, il partage les idées de Proudhon [2]; il croit que l'homme est fait pour la lutte, que l'antagonisme est la loi fondamentale de l'univers et que la guerre est un facteur nécessaire de progrès. Si on la supprimait ce serait

1. *Les Nouveaux Aspects du Socialisme*, p. 60. Les syndicalistes réformistes se refusent, eux, à combattre, en tant que syndiqués, l'idée de patrie. L. Niel, un de leurs porte-parole, écrivait dans l'*Humanité* du 17 septembre 1908 : « Pas plus que nous demandons aux travailleurs qui sont syndiqués ou à ceux qui veulent le devenir s'ils sont réactionnaires, démocrates ou révolutionnaires, nous ne leur demandons et nous ne devons leur demander s'ils sont patriotes ou antipatriotes. Nous leur demandons uniquement d'exercer la profession dans le syndicat de laquelle ils veulent entrer et d'accepter la lutte contre le patronat sur le terrain économique et professionnel, jusqu'à la grève s'il faut. Pas plus. Aller plus loin ce serait commettre un véritable assassinat contre le Syndicalisme. »

2. Proudhon, dans son livre *La Guerre et la Paix*, expose ainsi, en de termes qu'on pourra trouver bien dithyrambiques, ses idées sur la guerre : « La guerre est le

« l'immobilité, la stagnation, l'atonie et la mort ».

Elle durera autant que l'humanité, mais elle changera de forme et d'objet. Elle se fera sur un autre terrain. L'industrie est le champ de bataille de l'avenir et dans ces combats d'un nouveau genre les belligérants auront besoin d'autant de courage, d'autant de mépris des voluptés et de la mort que dans les luttes actuelles. Là aussi le triomphe appartiendra au plus vaillant, au plus énergique

phénomène le plus profond, le plus sublime de notre vie morale. Aucun autre ne peut lui être comparé : ni les célébrations imposantes du culte, ni les actes du pouvoir souverain, ni les créations gigantesques de l'industrie. C'est la guerre qui, dans les harmonies de la nature et de l'humanité, donne la note la plus puissante. Elle agit sur l'âme comme l'éclat du tonnerre, comme le fracas de l'ouragan. Mélange de génie et d'audace, de poésie et de passion, de suprême justice et de tragique héroïsme, sa majesté nous étonne et, plus la réflexion la contemple, plus le cœur s'éprend pour elle d'enthousiasme. La guerre, dans laquelle une fausse philosophie, une philantrophie plus fausse encore ne nous montraient qu'un épouvantable fléau, l'explosion de notre méchanceté innée et la manifestation des colères célestes, la guerre est l'expression la plus incorruptible de notre conscience, l'acte qui en définitive nous honore davantage devant notre conscience et devant l'Eternel. »

et au plus hardi. Là, pareillement, seront vaincus les lâches, les pusillanimes, les jouisseurs. La seule différence c'est que le travailleur y remplacera le soldat, que l'on ne se battra pas à coups de fusil et que le sang ne coulera pas; mais l'antagonisme existera comme un stimulant puissant entre tous et comme le plus merveilleux metteur en mouvement de l'activité humaine. Le travail lui offrira un champ d'opération bien autrement fécond que la guerre. En attendant, celle-ci demeure l'école de virilité par excellence.

Le Syndicalisme révolutionnaire a nettement pris position contre l'armée et le militarisme, mais son antimilitarisme n'est inspiré, déclare-t-il, ni par la peur des coups ou des pertes, comme l'antimilitarisme bourgeois, ni par la haine de toute discipline et de tout frein, comme l'antimilitarisme anarchiste. Il n'a pas son principe dans une horreur abstraite et sentimentale de la guerre et du soldat, il prend sa source dans la lutte de classe. « Il est né de l'expérience des grèves et des luttes syndicales, où, toujours, en face de lui l'ouvrier rencontre l'armée, gardienne du capital et gardienne de l'ordre; en sorte qu'elle lui est apparue comme un simple prolongement de l'atelier capitaliste et par conséquent comme le symbole vivant de sa servitude. Mais, dès lors, l'antimilitarisme n'est plus une protestation individuelle contre la caserne au nom de principes plus ou moins abstraits; il n'est plus la simple sécession d'individus se retirant de la collectivité nationale pour recouvrer une indépendance tout égoïste; une simple désertion individuelle pouvant être assimilée à une lâcheté; il est la sécession d'individus se retirant de la collectivité nationale pour entrer dans la collectivité ouvrière : et l'adoption d'une *patrie* nouvelle à laquelle ils se dévouent corps et âme, à la vie et à la mort. L'antimilitarisme ouvrier tire donc toute sa valeur et tout son sens de son union intime avec l'idée de lutte de classe; séparez l'antimilitarisme de cette idée et il n'est plus que l'expression d'une horreur tout individuelle pour ce que certains appellent l'abrutissement de la caserne [1]. »

1. EDOUARD BERTH, *Les Nouveaux Aspects du Socialisme*, p. 56. Les syndicalistes réformistes considèrent l'antimilita-

11° *Syndicalisme et Morale.* — On discute beaucoup pour savoir si le Syndicalisme doit être animé par des éléments moraux, imprégné de sentimentalisme et d'idéalogie, ou si son action doit s'inspirer uniquement de préoccupations économiques matérielles et amorales.

risme comme ne constituant pas un article du symbole syndicaliste. Ils disent avec la Fédération du Textile, à son Congrès de 1908, à Troyes : « L'antimilitarisme constituant une question extra-syndicale au même titre que l'antipatriotisme, l'antiparlementarisme et l'anticléricalisme, n'a rien à voir avec les questions d'ordre professionnel ou corporatif pour lesquelles s'est réuni le Congrès. » — Au Congrès de Marseille, le délégué des mineurs déclarait : « Les mineurs veulent rester sur le terrain économique ; ils considèrent que l'antimilitarisme et l'antipatriotisme ne relèvent que de la conscience individuelle. La question n'a jamais été posée dans nos organisations où elle n'a rien à faire. »

Si les Réformistes n'attaquent pas l'armée, ils protestent véhémentement contre l'emploi qu'on en fait contre les ouvriers, en temps de grève; ils déclarent que ce n'est pas son rôle, qu'elle a été établie pour défendre les frontières et non des coffres-forts, qu'en intervenant dans les conflits entre le travail et le capital elle se compromet, se rend odieuse et fausse les conditions de la lutte en prêtant son appui au patronat. Il est inadmissible que des fils d'ouvriers, des ouvriers de demain puissent recevoir l'ordre de tirer sur leurs camarades et leurs frères.

Parmi les syndicalistes les uns sont nettement d'avis qu'on n'a que faire des sentiments et des postulats moraux; ils répètent que si on se perd dans les nuages de l'idéalogie on n'arrivera à aucun résultat pratique sérieux. Le Syndicalisme, d'après eux, ne doit être qu'un mouvement de forces économiques aux prises avec d'autres forces économiques pour la satisfaction de besoins physiques et matériels. Dans cette lutte impitoyable l'idée et le sentiment ne doivent pas entrer en ligne de compte.

Pour les autres, au contraire, « le moteur moral animé par le sentiment et l'idée est seul capable de mettre le Syndicalisme en mouvement, et les éléments économiques de la vie ne peuvent être que le produit de cette mécanique morale ». Ainsi pensent, en majorité, les intellectuels et les théoriciens du parti. Ils accordent que les préoccupations matérielles, les questions de logement, de vêtement et de nourriture, les « questions d'estomac », comme beaucoup les appellent, doivent être l'objet des premiers efforts des travailleurs organisés et conscients, mais ils ne veulent pas qu'on s'arrête là. Ils demandent qu'on s'élève plus haut et qu'on s'inspire de sentiments moraux qui seuls peuvent donner à l'action un caractère de suite et d'intelligence. Sans cela, la lutte pour la vie du prolétaire, ne se distinguerait en rien de la lutte pour la vie telle que la pratique l'animal.

Les sentiments moraux sont indispensables, disent-ils, « non seulement pour nous électriser dans la lutte quotidienne que nous menons pour améliorer notre vie économique, mais aussi pour élever nos esprits et nos cœurs jusqu'à un idéal humain fait de justice et de raison, qui nous guidera à travers les difficultés de notre émancipation, comme le phare lumineux guide le navire à travers les difficultés nocturnes de la mer ».

Ils aiment à répéter que le Syndicalisme est une école de haute moralité, qu'il est appelé à perfectionner l'ouvrier et à lui donner les qualités diverses qui lui permettront de réaliser utilement la transformation sociale qu'ils poursuivent avec une indomptable énergie. « En forçant le travailleur, écrivait naguère

Louis Niel, ancien secrétaire de la Confédération Générale du Travail, en forçant le travailleur, l'éternel exploité, à se redresser contre le patron, l'éternel exploiteur, il fait naître le sentiment de dignité. En élevant la conscience du salarié jusqu'à la conception d'une société sans patronat, il provoque la haine de l'esclavage et l'amour de la liberté. En groupant les ouvriers pour lutter contre le mal commun, il leur prouve les dangers de l'isolement, l'impuissance de l'égoïsme inconscient, l'impossibilité de l'individualisme à la mode bourgeoise, et développe en eux l'indispensable sentiment de solidarité sans lequel toute vie sociale sera toujours utopique. Enfin, le Syndicalisme développe, intensifie et épure de plus en plus le sentiment de justice; car, rien n'est plus de nature à exalter le sentiment de justice que de mettre sous les yeux et dans le cœur même des travailleurs la conviction de l'injustice. Et y a-t-il injustice plus grande, plus évidente, plus réelle, dans une société humaine où le travail seul fait vivre, que de voir ceux qui produisent ce travail vivre misérablement ou ne pas vivre du tout, à côté de ceux qui vivent somptueusement sans produire le travail? »

Quoi qu'il en soit de ces discussions et de ces contorverses entre doctrinaires, on ne peut pas contester que les meneurs du mouvement ne placent leur action sur le terrain purement matérialiste. Ils agissent en dehors de « toute préoccupation métaphysique »; leur unique souci est la conquête d'un bien-être aussi large que possible; ils en prennent très à leur aise avec les prescriptions de la morale traditionnelle.

Chez eux, se sont fait jour, ces dernières années des théories qu'on ne saurait trop flétrir. Dans leurs journaux et dans leurs réunions ils ne craignent pas de se faire, non seulement les apologistes, mais les propagandistes du plus abject néo-malthusianisme. Ils en enseignent les procédés et recommandent la « génération consciente ». On dirait, suivant le mot de Jaurès, qu'ils s'appliquent à inoculer au prolétariat naissant la corruption de la bourgeoisie finissante. Ce n'est pas de la sorte qu'ils feront aux ouvriers des âmes pétries d'altruisme, de solidarité, de justice et de fraternité. Il faut employer d'autres moyens quand on veut rendre des hommes capables d'accomplir les plus mâles devoirs et pratiquer les plus austères vertus [1].

12° *Syndicalisme et Religion.* — Théoriquement le Syndicalisme ne s'occupe pas plus des préférences religieuses que des préférences politiques de ses membres. Il tient ces choses pour privées; il est loisible à chacun d'en

1. « C'était, jusqu'à présent, l'honneur de la classe ouvrière de donner, sur ce point, à notre bourgeoisie matérialiste et corrompue, l'exemple d'une moralité supérieure. Et c'était aussi sa force de pouvoir montrer aux âmes éprises de justice et d'humanité des familles nombreuses qui réclamaient le droit à la vie, auxquelles une organisation sociale équitable aurait dû garantir ce droit et qui, tant qu'on ne le leur aurait pas assuré, lutteraient héroïquement pour le conquérir. Il y avait là tout ensemble une force d'honnêteté et une puissance de révolution qui auraient fini par terrasser les résistances capitalistes les mieux organisées... Je sens cela si vivement pour ma part, que je me demande parfois si la campagne néo-malthusienne, dont le résultat fatal sera la paralysie à peu près complète des énergies prolétariennes, n'a pas pour secrets inspirateurs ceux-là même qui, redoutant le triomphe des revendications ouvrières, se sont dit que le plus sûr moyen de maintenir le peuple dans la servitude c'était de l'abrutir en le démoralisant. » E. DESGRÉE DU LOU, dans l'*Ouest-Eclair* du 3 octobre 1908.

avoir ou de pas en avoir et, à cause d'elles, personne ne doit être tracassé, à plus forte raison exclu d'un groupement professionnel. Catholiques, protestants, juifs, mahométans ont le droit, tout comme les matérialistes et les libres-penseurs, de demander à faire partie d'un syndicat ouvrier et leurs opinions philosophiques ne sauraient constituer un obstacle à leur admission. Tout ce qu'on leur demande, c'est qu'ils appartiennent à la classe des travailleurs, qu'ils soient conscients de la lutte à mener et qu'ils se montrent disposés à combattre le bon combat pour la suppression du salariat et du patronat.

Mais, en pratique, les choses se passent autrement. Le Syndicalisme a fait preuve, jusqu'ici, d'un sectarisme étroit et agressif. A la Confédération Générale du Travail on professe non pas seulement l'athéisme, mais l'anticléricalisme et cet anticléricalisme s'affirme, à chaque instant, aujourd'hui encore, dans les discours et dans les écrits des principaux militants.

Ils ont pris part à toutes les campagnes antireligieuses. Ils ne cessent de vomir contre le prêtre et contre le christianisme les plus grossières injures. Ils regardent comme des êtres inférieurs tous ceux qui ne se sont pas absolument affranchis des croyances et des pratiques confessionnelles.

Ils ne paraissent pas se douter que, par cette guerre, aussi absurbe qu'odieuse, aux convictions d'un grand nombre de travailleurs, ils risquent de compromettre l'unité ouvrière et de se priver du concours d'hommes dont l'appui leur serait d'un précieux concours pour le triomphe de la cause prolétarienne. Un catholique ne peut qu'être très gêné dans ce milieu où il se sentira continuellement froissé dans ses sentiments les plus intimes et où il se rendra compte qu'il est mal vu et tenu en suspicion. A ce point de vue, les syndicalistes ont à prendre des leçons de tolérance et de... sagesse.

Ils ont commis une très lourde faute en marchant à la remorque de l'anticléricalisme bourgeois. En le faisant, non seulement ils se sont privés de très utiles sympathies et ont détourné d'eux de nombreux camarades, mais, en plus, ils se sont mis en opposition avec leurs propres principes. Ils proclament continuellement que la classe ouvrière doit, partout et toujours, séparer son action de l'action des classes capitalistes, qu'elle doit faire campagne à part, et, dans l'espèce, ils n'ont cessé d'avoir partie liée avec les politiciens prétrophobes et les mangeurs-de-curé du tiers état. D'ailleurs, en proscrivant la religion ils se privent gratuitement de la seule force réellement capable d'élever les âmes, d'étouffer les égoïsmes et de discipliner un mouvement qui risque d'échouer par suite de ses excès.

Telles sont, à l'heure actuelle, les principales idées directrices du mouvement syndicaliste, autant, du moins, qu'on peut les dégager d'un système qui se défend d'avoir coulé ses aspirations en des formules immuables, de posséder encore un corps de doctrines définitives et de tenir en poche une constitution toute arrêtée de la cité de demain.

Chez lui, la formule naît de l'action et l'action ne se déroule pas sur un plan déterminé d'avance, ni même simplement prévu ; elle jaillit en une série d'efforts quotidiens, rattachés aux efforts de la veille, non par une continuité rigoureuse, mais uniquement par le désir d'aboutir et le souci de s'adapter aux circonstances. Dans ces conditions des fluctuations se produisent fatalement ; on avance, on revient sur ses pas, on hésite, on tâtonne, on se décide, on modifie sa tactique, on retouche son programme et ce n'est que plus tard qu'on sera en état de codifier les résultats fournis par l'expérience. On comprendra qu'il soit difficile d'exposer une doctrine qui est encore en plein cours d'évolution, et l'on ne saurait exiger, tant qu'elle ne sera pas sortie de la période de formation, que celui qui tente de la faire connaître apporte des clartés et des précisions que les syndicalistes eux-mêmes se déclarent incapables de fournir.

CHAPITRE V

TACTIQUE ET MOYENS DE LUTTE PRÉCONISÉS PAR LE SYNDICALISME RÉSULTATS OBTENUS

I. Tactique du Syndicalisme : recours aux minorités énergiques; action directe, lutte de classe. — II. Moyens de lutte : grèves partielles; boycottage et label; sabotage; grève générale. — III. Résultats obtenus.

Quelques considérables que soient les résultats déjà obtenus, le Syndicalisme n'y voit que les premiers fruits d'une action qui doit s'intensifier encore et conduire, un jour, au triomphe définitif du prolétariat. Ce triomphe il l'espère, il croit même pouvoir le garantir, grâce à la tactique qu'il suit et aux moyens dont il dispose. Ce sont ces moyens et cette tactique que nous allons étudier.

I. Tactique du Syndicalisme.

Cette tactique peut se résumer en trois mots : le *recours aux minorités énergiques*, l'*action directe*, et la *lutte de classe*.

1° *Le recours aux minorités énergiques.* — D'après les syndicalistes, les travailleurs se divisent en deux catégories. La première, de beaucoup la plus nombreuse, comprend la masse amorphe, les non-syndiqués, les ouvriers que l'esprit de révolte n'est pas encore venu animer et soulever. Parmi eux, plusieurs sont même peu susceptibles d'être vivifiés par son souffle. Si on ne les entraînait pas malgré eux, si on ne les acculait pas à l'action révolutionnaire, ils demeureraient enlisés dans la routine et la servitude. Ils sont sans idéal, sans initiative, sans sentiment de leur force et de leurs droits, surtout sans la mâle énergie, sans l'audacieux entrain qui caractérisent les militants du prolétariat. Ils peuvent trouver leur sort bien misérable, mais ils sont incapables de l'améliorer eux-mêmes. Leurs rêves les plus osés de réforme sociale s'arrêtent à une augmentation de salaire et à une diminution d'heures de travail. Ce sont des résignés et des pusillanimes. Ils ne veulent pas ou ils ne savent pas mener le bon combat.

La seconde catégorie est formée par les disciplinés et les conscients. Elle ne renferme qu'une minorité, mais cette minorité est active, décidée, intransigeante, prête, nous l'avons dit, à toutes les luttes comme à tous les sacrifices. Ceux qui la composent agissent sans tenir compte des réfractaires ; ils marchent au but sans se préoccuper ni des étonnements qu'ils suscitent, ni des protestations qu'ils font naître même dans les rangs du prolétariat. Ils sont les entraîneurs de leur classe.

Sur leurs camarades hésitants ou hostiles au mouvement, ils ne pèsent pas seulement par leurs paroles et leurs exemples, ils pèsent aussi en les plaçant en face du fait accompli et en les mettant dans l'obligation de l'accepter.

Ceux qui sont ainsi violentés auraient, font-ils remarquer, mauvaise grâce de se plaindre, car ne profitent-ils de toutes les victoires remportées sur le patronat par les syndicalistes militants qui, eux, reçoivent les coups et souffrent pour la cause? « L'action syndicale, en effet, si infime que soit la minorité, n'a jamais une visée individuelle et particulariste ; toujours elle est une manifestation de solidarité, et l'ensemble des travailleurs intéressés, quoique n'y participant en rien, est appelé à bénéficier des résultats acquis. »

Jusqu'ici le Syndicalisme n'a pas cherché le nombre [1] ; pour l'avoir, il n'a jamais fait la moindre concession. En sacrifiant certains de ses principes ou en modifiant quelques côtés de sa tactique, il aurait vu venir une fraction

1. Que le Syndicalisme ait cherché le nombre ou ne l'ait pas cherché, il est de fait qu'il ne le possède pas ; aussi les socialistes lui reprochent-ils d'être un syndicalisme sans syndiqués. C'est ce que répondait Guesde à Lagardelle au Congrès de Nancy. « Votre syndicalisme, lui disait-il, celui que vous affirmez contre nous, est d'une espèce toute particulière. Il se distingue de tout ce qui existe à l'étranger par ce fait qu'il ne compte pas de syndiqués du tout, ou si peu! Je répète que la caractéristique — vous dites, vous, la supériorité — du syndicalisme français, tel que vous le préconisez, c'est qu'il n'a personne derrière lui. Et je le prouve. Si je retranche, par exemple, de la Confédération Générale du Travail nos 60.000 syndiqués du Nord, qui, bien qu'y adhérant, ne

considérable de ceux qui restent à l'écart. Il s'est obstinément refusé à ces sacrifices et à ces concessions. Il est pour les « minorités énergiques ».

Il estime que le nombre est souvent un danger au début d'une action, qu'il alourdit la marche, qu'il vient de lui-même après les premières victoires; qu'il n'y a, par conséquent, qu'à attendre. Sa façon de faire est tout le contraire de celle du Démocratisme, dans lequel l'impulsion est donnée et le mouvement dirigé par la majorité.

Le Syndicalisme ne considère guère les inconscients que « comme des zéros humains », sans valeur réelle par eux-mêmes, suscepti-

sont pas des vôtres et n'attendent ni du sabotage, ni du boycottage, ni de la grève partielle ou générale l'affranchissement du travail; si je fais la même opération pour la Fédération des Chemins de Fer, pour la Fédération nationale des Mineurs, pour le Textile, pour la Fédération du Livre, pour celle des Mécaniciens qui vient de tenir son Congrès à Paris et qui n'est pas avec vous, vous ne l'ignorez pas, que vous restera-t-il comme forces organisées? Et comme aucune de ces grandes organisations n'est syndicaliste dans votre sens, la démonstration est faite par des chiffres de ce que j'avance : que ce qui classe et juge votre syndicalisme dans le mouvement général du monde entier, c'est son absence de syndiqués. »

bles seulement d'en acquérir une quand ils sont placés à côté d'un chiffre qui la leur communique. « Ainsi, comme le dit Émile Pouget, apparaît l'énorme différence de méthode entre le Syndicalisme et le Démocratisme. Celui-ci, par le mécanisme du suffrage universel, donne la direction aux inconscients, aux tardigrades (ou mieux à leurs représentants), et étouffe les minorités qui portent en elles l'avenir. La méthode syndicaliste, elle, donne un résultat diamétralement opposé : l'impulsion est imprimée par les conscients, les révoltés : et sont appelées à agir, à participer au mouvement, toutes les bonnes volontés [1]. »

2° *L'action directe.* — Action directe ne veut pas dire violence, révolte armée, bombe à ren-

1. *La Confédération Générale du Travail*, p. 35.
« Ce ne sont pas les passifs qui comptent, mais les actifs. Le nombre ne fait pas la loi, ici, mais la volonté. La qualité prime la quantité. L'action du Syndicalisme qu'est-elle autre chose que l'action des minorités hardies entraînant derrière elles les masses dont elles expriment les besoins! Ce sont les clairvoyants qui guident les autres... Ceux-là seuls comptent pour le Syndicalisme... Du fait de cette activité, seules ces individualités agissantes créent le droit nouveau, le droit ouvrier. » M. MERRHEIM, dans le *Mouvement socialiste* d'avril 1910, p. 44.

versement, incendie, meurtre, méconnaissance de tous les principes de la civilisation; action directe veut dire simplement que les travailleurs entendent faire eux-mêmes leurs affaires, lutter personnellement et non par représentants, cesser de se reposer sur des mandataires du soin de leur émancipation. Cette action, opposée à l'action indirecte du Socialisme classique, ne suppose pas nécessairement l'emploi des seuls moyens violents; elle n'exclut ni la modération, ni la courtoisie, ni même certains ménagements; elle comporte les deux manières.

Ce n'est pas le plus ou moins d'âpreté dans les procédés qui la spécifie; ce qui la distingue, c'est essentiellement le fait de supprimer tout intermédiaire entre le prolétariat et le patronat, de les mettre en face l'un de l'autre, de les jeter dans un corps-à-corps qui ne laisse place à aucune intervention étrangère. La classe ouvrière veut régler seule ses propres comptes, au lieu de déléguer et de mandater des tiers qui interviendraient à sa place comme cela s'est fait jusqu'ici. Chaque jour, elle s'applique à affaiblir ses adversaires, le patronat et l'Etat. L'ensemble de ces efforts quotidiens, de ces coups répétés, qui constitue son action directe.

C'est aux ouvriers qu'il appartient de conduire leur propre action puisqu'elle a pour but de sauvegarder et de défendre leurs intérêts. Organisés pour secouer le joug qui pèse sur eux et s'affranchir de la situation misérable que le capitalisme leur a faite, ils ne doivent admettre dans leurs rangs que des salariés et ne confier la direction du mouvement libérateur qu'à des ouvriers qui l'aiguilleront vers des fins exclusivement ouvrières. Ils doivent rester étrangers à toute autre considération ; il faut que pour eux la question ouvrière existe seule, ou au moins prime toutes les autres questions.

Ce serait faire fausse route et trahir la cause que de subordonner l'action ouvrière aux forces sociales qui s'agitent autour des travailleurs. Des résultats véritables ne peuvent être atteints que si la classe ouvrière constitue un organisme formé par elle avec des éléments tirés de son sein et ayant pour tâche unique de lutter pour ses intérêts. Cet organisme doit échapper à toute influence étrangère, soit qu'elle émane des possédants, soit qu'elle vienne de l'Etat ; il doit comprendre toutes les institutions et tous les services qui répondent aux divers besoins des travailleurs ; il doit se suffire et n'emprunter qu'à ceux qui le constituent la force d'agir et de s'imposer.

L'action directe, suivant l'expression de Pouget, est une manifestation de la conscience et de la volonté ouvrières ; elle peut avoir des allures très bénévoles et très pacifiques, et aussi des allures vigoureuses et violentes. Cela dépend des circonstances. Mais, dans un cas comme dans l'autre, elle est de l'action révolutionnaire, parce qu'elle n'a cure de la légalité bourgeoise et que sa tendance est d'obtenir, sans recourir à aucun intermédiaire étranger, des améliorations qui réalisent une diminution des privilèges capitalistes et étatiques. La lutte est engagée, elle se poursuit sans répit et elle revêt, avant tout, le caractère de lutte de classe.

3° *La lutte de classe.* — La société se compose de classes diverses. Ces classes se distinguent les unes des autres non seulement par leurs origines, leurs intérêts, mais aussi par leur idéal, par leurs institutions, par leurs conceptions juridiques, politiques, morales et économiques. Chacunes d'elles s'efforce de faire triompher son « idée », d'imposer ses institutions, de réaliser ses conceptions.

Comme souvent les idées sont contradictoires et les conceptions incompossibles, il y a nécessairement conflit : conflit entre la classe qui a fait l'ordre social existant et qui entend le maintenir et la classe qui veut le détruire pour le remplacer par un ordre différent. « Le drame social moderne se joue entre la bourgeoisie et le prolétariat. La classe ouvrière est aujourd'hui la classe révolutionnaire, comme la bourgeoisie le fut, sous l'ancien régime, contre la féodalité. Et elle est l'unique classe révolutionnaire, parce que, de toutes les couches populaires exploitées, elle est la seule dont la libération soit incompatible avec les principes du capitalisme : la propriété et l'Etat ; et cela parce qu'elle seule se trouve en dehors de la propriété et de l'Etat. »

Entre les deux classes rivales le choc est

inévitable ; la crise ne peut pas être dénouée autrement que par un corps-à-corps sans merci [1]. En prévision des batailles de demain, le prolétariat s'est forgé des armes, il s'est construit des organes de combat et d'émancipation en rapport avec la « structure économique » de ses rêves. Ces organes sont les *syndicats*, les *bourses du travail*, les *fédérations*. C'est eux qui mènent la lutte, variant leurs moyens suivant les adversaires et suivant les circonstances. Les armes dont ils se servent sont, contre le patronat : la *grève*, le *boycottage*, le *label*, le *sabotage ;* contre l'Etat la *grève générale ;* armes terribles qui, entre les mains d'une classe ouvrière organisée, auront tôt ou tard raison de toutes les résis-

1. « Le sentiment de la lutte des classes, fait remarquer Berth, n'a pourtant rien de commun avec la haine, même créatrice. Les belligérants doivent apprendre à se respecter mutuellement, à ne pas se croire tout permis les uns vis-à-vis des autres. Mais il faut pour cela qu'il n'y ait pas un côté où on dénie tout droit à l'adversaire. Il n'est pas du tout nécessaire à la lutte de classe que les ouvriers considèrent les patrons comme de vulgaires voleurs ou des détrousseurs de grands chemins, ni que les patrons ne voient dans les ouvriers que des vandales et des furieux. » *Mouvement socialiste*, 15 novembre 1904.

tances patronales et de toutes les forces étatiques [1].

II. Moyens de lutte préconisés par le Syndicalisme.

1° *Les grèves particulières.* — Des divers moyens imaginés pour briser « le despotisme

1. Si le Syndicalisme a une foi aveugle dans la valeur révolutionnaire et libératrice de ces moyens de lutte, le Socialisme, au contraire, ne met en eux aucune confiance, il est convaincu qu'ils sont inefficaces et insuffisants. « Quand je demande, disait Guesde, au Syndicalisme qui se suffit à lui-même et fait fi du Socialisme comme n'ayant plus aujourd'hui qu'une raison d'être électorale, quels sont, en dehors de la grève générale, ses moyens d'action, il me répond textuellement avec Latapie : « Le Syndicalisme emploie pour arriver à ses fins — c'est-à-dire à la défense ouvrière, à l'amélioration des conditions du travail et son affranchissement, à l'instauration de la société nouvelle — il emploie pour arriver à ses fins le boycottage, le sabotage, les grèves partielles ». Telles sont les armes — vos seules armes — avec lesquelles vous avez la prétention de transformer la société et la propriété! C'est avec cela, que vous entendez faire l'économie de la conquête de l'Etat, enclouer ses canons braqués contre vous et empêcher de partir les fusils d'autres travailleurs momentanément déguisés en soldats! N'est-ce pas souverainement ridicule? Et pourtant vous n'avez pas autre chose au fond de votre arsenal. »

patronal », le plus à la portée des ouvriers, le plus employé, le plus efficace et, en même temps, le plus légal, c'est le refus collectif de travail : la grève. La grève n'est pas une création du Syndicalisme. Elle a été pratiquée il y a bien longtemps pour la première fois. On en trouve plus d'un exemple sous l'ancien régime. A toutes les époques elle a été la dernière ressource du travailleur lassé d'être exploité et exaspéré de se voir traité, non en homme libre, mais en esclave ou en machine à production. Aujourd'hui encore, même dans les milieux où les ouvriers ne sont pas organisés, lorsque ceux-ci trouvent que le joug se fait trop lourd, c'est à la grève qu'ils recourent pour le secouer. Sous l'action des plus intelligents ou des plus résolus d'entr'eux, se forme une coalition momentanée ; on s'entend pour arrêter le travail, et il n'est pas rare que cette coalition accidentelle se change en un groupement durable. Nombreux sont les syndicats qui doivent leur constitution à une grève. L'union passagère sous forme de coalition a fait place à l'union permanente sous forme de syndicat.

Mais si le Syndicalisme ne peut revendiquer ni la paternité, ni le monopole des grèves, on doit reconnaitre qu'il a singulièrement perfectionné « l'outil ». Dans ces soulèvements prolétariens il a mis plus de méthode, plus de discipline, plus de souffle et de conscience révolutionnaires. Par la solidarité qu'il a su établir entre les groupements de même profession ou de même ville, par les secours matériels, par l'appui moral, par les conseils et la direction qu'il procure aux grévistes, il permet à ceux-ci de prolonger la résistance et de peser plus efficacement sur la volonté des employeurs « atteints dans leurs œuvres les plus vives, puisqu'ils sont frappés dans leur coffre-fort ». Ce ne sont plus quelques ouvriers luttant isolés contre un patron dont ils ont à se plaindre, ce sont des travailleurs épaulés par des organisations puissantes et trouvant dans le concours que celles-ci leur prêtent une force qu'ils n'auraient pas s'ils étaient laissés à eux-mêmes.

Ces luttes locales, le Syndicalisme les amplifie ; il transforme ce qui, en soi, n'est qu'une querelle particulière en épisode de lutte de classe ou en escarmouche de guerre générale. Il familiarise ses troupes avec le maniement de cette arme redoutable dont il leur a appris à apprécier la valeur révolutionnaire.

Grâce à lui, comme l'a écrit Emile Pouget, « la grève n'est plus regardée comme un mal fatal, inévitable, comme un abcès qui, en crevant, manifesterait brutalement l'antagonisme du capital et du travail, mais sans profit possible et immédiat pour ce dernier. Elle a subi une modification parallèle à celle subie par l'idée de révolution. La révolution n'est plus considérée comme une catastrophe devant éclater en des jours proches ou lointains; elle est tenue pour un acte se matérialisant journellement, grâce à l'effort de la classe ouvrière en révolte, et la grève est considérée comme l'un des phénomènes de cette révolution. Par conséquent, celle-ci n'est plus tenue pour un « mal »; elle est l'heureux symptôme d'un accroissement de l'esprit de révolte, et elle se manifeste comme un phénomène d'expropriation partielle du capital. Il est reconnu que ses résultats ne peuvent être que favorables à la classe ouvrière; au point de vue moral, il y a accroissement de la combativité prolétarienne. et, du côté matériel, l'assaut donné sur un point à la société capitaliste comporte une diminution des privilèges de la classe exploiteuse, qui se traduit par un accroissement en bien-être et en liberté pour la classe ouvrière. »

La grève, continuent les syndicalistes, peut attirer sur ceux qui l'ont déclarée un redoublement momentané de privations et de souffrances, elle peut être pour les meneurs l'occasion de bien des tracasseries et de bien des persécutions; mais les plus atteints sont encore les patrons. Ils sont atteints dans leurs intérêts; ils sont atteints aussi et surtout dans leur prestige, dans leur puissance, dans leur autorité. Même quand ils ont le dessus, ils sortent de la lutte blessés, meurtris et affaiblis.

Dans leur ensemble, les grèves ont été incontestablement profitables au prolétariat. Elles lui ont assuré des avantages qu'il n'aurait jamais obtenus sans elles; elles lui ont été particulièrement précieuses pour se grouper, pour développer dans son sein l'esprit de résistance et de révolte, pour exaspérer sa patience, pour secouer sa torpeur, pour s'habituer à la lutte de classe et se préparer, comme par une série de manœuvres, à la grève générale qui balaiera la bourgeoisie avec toutes ses institutions politiques, économiques et sociales.

La grève, avec sa double forme offensive et défensive, constitue l'instrument révolutionnaire par excellence, en même temps que le grand moyen de faire échec au patronat. Il ne faut pas oublier d'ailleurs que « le but matériel des grèves, à savoir l'augmentation de salaire ou le raccourcissement de la journée de travail, n'est au fond que le but apparent, le motif grossier et superficiel ; le bénéfice réel de la grève est autre, c'est un bénéfice moral. C'est la cohésion ouvrière grandissante, ce sont les notions juridiques nouvelles qui se forment dans la conscience des travailleurs au cours même de la lutte... Les grèves, chaque jour plus puissantes, plus étendues et d'un rythme plus sûr, révèlent au monde étonné la force collective ouvrière chaque jour plus consciente et plus maîtresse d'elle-même. Ces grèves deviennent le phénomène social par excellence. Par leur soudaineté, leur hardiesse, la discipline merveilleuse qu'elles décèlent parmi l'armée des travailleurs, elles prennent une allure de plus en plus guerrière; elles sont, sur le terrain social, une véritable transposition de la guerre et l'on pourrait leur appliquer les paroles que Proudhon applique à la guerre : elles agissent sur l'âme comme l'éclat du tonnerre, la voix de l'ouragan. Mélange de génie et d'audace, de poésie et de passion, de suprême justice et de tragique héroïsme, leur majesté nous étonne..... » Dans ces considérations de Berth il y a beaucoup de lyrisme et pas mal d'exagération, mais il y a aussi un fond de vérité. On ne peut pas contester, en effet, que l'entrée en scène de la grève moderne n'ait considérablement modifié la situation [1].

1. « Beaucoup de grèves, fait remarquer M. G. Deherme, sont fomentées par des politiciens, par des agents provocateurs à la solde d'Etats étrangers, par des patrons eux-mêmes ou par des financiers dans un but de spéculation. Depuis que la Confédération Générale du Travail a pris la direction du mouvement syndical ces grèves contre-ouvrières, surtout les grèves électorales tendent à

Chaque syndicat est libre de déclarer la grève pour son compte, chaque fois qu'il la juge utile; il est seulement tenu, si elle est offensive, d'aviser le Comité de sa fédération. Ce Comité n'a qu'à prendre acte de la communication; tout au plus peut-il présenter une observation sur l'opportunité ou donner un conseil sur les dispositions à prendre. Il n'aurait le droit de faire opposition que dans le

disparaître. Ce n'est pas un des moindres services que cette organisation rend au prolétariat et au pays. Il est curieux de remarquer, à ce sujet, que lorsque son action est précise, éducative, efficace vraiment, elle est — contre ses discours — essentiellement patriotique et organique.

« Si les grèves furent parfois imprudentes, elles ont été souvent nécessaires. Dans la société désagrégée que nous a laissée la Révolution, la guerre des bras croisés est la seule raison pacifique que peut faire entendre le prolétariat. Ce fut un frein nécessaire qui a empêché la bourgeoisie d'épuiser le capital humain dont elle avait l'administration provisoire. Ce fut un stimulant qui a obligé les chefs d'industrie, pour satisfaire aux exigences des ouviers, à imaginer et à employer de meilleurs dispositifs mécaniques et de plus savantes techniques.

« Sans les grèves les colères populaires se fussent concentrées et tout eut sauté un jour. Le prodigieux développement industriel du XIXe siècle n'eut pu s'accomplir. Les grèves ont été d'utiles soupapes de sûreté. » *La Crise sociale*, p. 106.

cas où il serait tenu de prêter un concours pécuniaire. L'on voit, presque toujours dans ces circonstances, se produire de beaux exemples de solidarité ouvrière. Les autres syndicats de la profession et les autres syndicats de la ville n'hésitent pas à s'imposer de gros sacrifices pour venir en aide à des camarades qui luttent pour la libération de la classe, en luttant pour leur propre libération. Souvent même, ils font cause commune avec eux et se mettent en grève à leur tour, afin que la pesée sur le patronat, les Pouvoirs publics et l'opinion soit rendue, par là, plus irrésistible.

Aux grèves qui ne mettent en présence qu'un patron ou un conseil d'administration et son personnel, les travailleurs substituent fréquemment des grèves plus générales, faisant sortir des usines les exploités de toute une ville ou de toute une corporation. C'est, aujourd'hui, une nécessité. Pour essayer, en effet, de résister aux revendications ouvrières, le patronat, dans nombre d'industries ou de professions, est étroitement groupé; force a donc été aux ouvriers de se grouper étroitement eux aussi et de réunir leurs efforts pour la lutte. C'est ainsi que les grèves généralisées, qu'il ne faut pas confondre avec la grève générale, ont pris naissance, qu'elles se sont multipliées et qu'elles deviendront plus fréquentes encore dans l'avenir.

Les travailleurs d'une usine, ou d'un chantier, ou d'un atelier savent maintenant qu'ils ont des intérêts communs avec les travailleurs de l'usine, du chantier, de l'atelier d'à côté; c'est pourquoi ils n'hésitent pas à se solidariser avec eux et à cesser, eux aussi, le travail pour peser davantage sur le patronat et obtenir qu'il soit fait droit plus vite aux revendications de leurs camarades. En même temps qu'une manifestation de solidarité ouvrière, il y a là comme un essai de mobilisation de détail préparant à la grande mobilisation de la grève générale.

2° *Le boycottage.* — Le boycottage est une arme de guerre d'importation anglaise. Les immenses domaines de Lord Erne, dans le comté de May, étaient, il y a une trentaine d'années, administrés par le capitaine Boycott. Ce régisseur se montrait tellement dur à l'égard des ouvriers et des paysans qu'il fut mis par eux en interdit. Lorsque, en 1879, vint le moment de la moisson, il ne put trouver aucun travailleur agricole qui consentît à couper et à rentrer sa récolte ; elle périt sur pied. On lui refusait les moindres services et tout le monde affectait de s'éloigner de lui. Vaincu, il fut obligé de se réfugier en Amérique où il mourut ruiné.

L'affaire fit du bruit. Les ouvriers virent là un moyen d'amener à composition les patrons dont ils avaient à se plaindre et la pratique se généralisa. Elle passa le Détroit et reçut chez nous sa consécration officielle au Congrès confédéral qui se tint à Toulouse, en 1897. On y adopta à l'unanimité la résolution suivante, dont la lecture avait soulevé des tonnerres d'applaudissements : « Chaque fois que s'élèvera un conflit entre patrons et ouvriers, soit que le conflit soit dû aux exigences patronales, soit qu'il soit dû à l'initiative ouvrière, et au cas où la grève semblerait ne pouvoir donner des résultats aux travailleurs visés : que ceux-ci appliquent le boycottage ou le sabotage, ou les deux simultanément... »

Le boycottage consiste dans la mise à l'index d'un industriel, d'un entrepreneur, d'un commerçant ou d'un produit dont les ouvriers croient avoir à se plaindre. Les camarades sont invités à ne pas travailler pour cet industriel ou pour cet entrepreneur, à ne pas se fournir chez ce marchand, à ne pas acheter ce produit. C'est une sorte d'interdit dont on les frappe, une manière de grève à laquelle on les soumet : interdit et grève qui ne vont pas sans de très sérieux préjudices pour ceux qui en sont les victimes.

Les syndicalistes considèrent ce moyen de lutte comme un des plus efficaces pour amener à résipiscence les exploiteurs du prolétariat. L'arme est redoutable et son usage, à la condition de prendre quelques précautions, est parfaitement légal. Devant des travailleurs groupés et conscients de leur force, ne demandant que ce qui est juste et possible, formés au sens des réalités, tout employeur comprendra que son intérêt exige qu'il cède en faisant droit à des réclamations qui, non écoutées, risqueraient de devenir pour lui le point de départ de graves dommages.

3° *Le label.* — L'usage du label est bien moins brutal et, tout en s'inspirant des mêmes principes d'auto-émancipation, il constitue la contrepartie, pourrait-on dire, du boycottage. Celui-ci consiste dans une excommunication, celui-là dans une recommandation.

Le label est la marque syndicale, le signe ou sceau d'une fédération ouvrière. Quelques fédérations autorisent, parfois, un patron, un industriel, un commerçant à mettre leur label à côté de sa firme particulière. Elles indiquent par là qu'il n'emploie que des ouvriers appartenant à un syndicat rouge et qu'il a accepté les conditions de travail imposées par la corporation. Elles le signalent ainsi aux prolétaires qui sont invités à s'approvisionner chez lui et à le favoriser préférablement aux autres.

La Fédération du Livre n'autorise un imprimeur à apposer la marque syndicale sur les livres ou brochures sortant de ses presses qu'à la condition « que tout son personnel typographe soit composé d'ouvriers syndiqués appartenant à la *Fédération française des Travailleurs du Livre*, que le règlement relatif à l'apprentissage soit respecté, et qu'en général les lois de protection ouvrière reçoivent chez lui leur entière application. »

4° *Le sabotage.* — Une dernière arme, arme de plus en plus employée contre le patronat et devenue dans certains milieux comme le complément obligé de toute grève, c'est le sabotage.

Le mot sabotage n'était, il y a quelques années à peine, qu'un terme d'atelier, imagé et expressif, servant à désigner un travail exécuté comme à coups de sabots, c'est-à-dire très vite et très mal. Depuis, il a changé de signification, il s'est métamorphosé en une formule de combat social, il désigne un moyen nouveau de lutte ouvrière qui nous vient, lui aussi, d'Angleterre où il est, depuis longtemps, connu et pratiqué sous le nom de *Ca' Canny* ou de *Go Canny*, mot de patois écossais que l'on pourrait traduire par l'expression un peu faubourienne de « ne vous foulez pas ».

« Qu'est-ce que *Go Canny?* » se demande-t-on dans un pamphlet anglais publié, en 1895, pour en vulgariser la pratique.

« C'est un mot court et commode pour désigner une nouvelle tactique employée par les ouvriers au lieu de la grève.

« Si deux Écossais marchent ensemble et que l'un coure trop vite, l'autre lui dit : « Marche doucement, à ton aise.

« Si quelqu'un veut acheter un chapeau qui vaut cinq francs, il doit payer cinq francs. Mais s'il ne veut payer que quatre francs, eh bien ! il en aura un de qualité inférieure. Le chapeau est une marchandise.

« Si quelqu'un veut acheter six chemises de deux francs chacune, il doit payer douze francs. S'il n'en paie que dix, il n'aura que cinq chemises. La chemise est encore une marchandise en vente sur le marché.

« Si une cuisinière veut acheter une pièce de bœuf qui vaut trois francs, il faut qu'elle paie trois francs. Si elle n'offre que deux francs on lui donnera une pièce de bœuf ou moins considérable ou de moins bonne qualité. Le bœuf est encore une marchandise en vente sur le marché.

« Eh bien ! les patrons déclarent que le travail et l'adresse sont des marchandises en vente sur le marché, tout comme les chapeaux, les chemises et le bœuf.

« Parfait, répondons-nous, nous vous prenons au mot. Si ce sont des marchandises, nous les vendrons tout comme le chapelier vend ses chapeaux et le boucher sa viande. Pour de mauvais prix, ils donnent de la mauvaise marchandise. Nous en ferons autant. Les patrons n'ont pas le droit de compter sur notre charité. S'ils refusent même de discuter nos demandes, nous mettrons en pratique le *Go Canny*, la tactique de travaillons à la douce. A mauvaise paie, nous répondrons par mauvais travail. »

Les procédés de sabotage sont extrêmement variés. Au début, le sabotage consistait simplement dans un ralentissement de la production : on en faisait pour l'argent. « A petit salaire, disait-on avec les grévistes de Beaford, dans l'Indiana, petite pelle. » C'était une grève perlée.

Il s'est singulièrement perfectionné depuis. Tantôt, maintenant, on gâche la besogne ; tantôt on gaspille ou rend inutilisables les matières premières que l'on est chargé de transformer; tantôt on mécontente les clients pour les amener à aller s'approvisionner ailleurs; tantôt enfin, on s'attaque à l'outillage lui-même que l'on détériore, que l'on immobilise ou que l'on détruit [1].

« Il faut que les capitalistes le sachent, disait un des orateurs du Congrès de Toulouse, le travailleur ne respectera la machine, que le jour où elle sera devenue pour lui une amie qui abrège le travail, au lieu d'être, comme aujourd'hui, l'ennemie, la voleuse de pain, la tueuse d'ouvriers. » De fait, il lui arrive sou-

1. Une forme très curieuse de sabotage et très différente de toutes les autres est celle que l'on a appelé de *la bouche ouverte*. Elle consiste à divulguer ce que l'on sait de désavantageux sur la qualité des marchandises livrées par le patron, sur les procédés commerciaux qu'il emploie, sur les fraudes qu'il se permet.

De la sorte, sans violence, en ayant l'air de prendre les intérêts des consommateurs et la défense de la morale, les ouvriers peuvent nuire à un industriel, à un négociant, à un entrepreneur, beaucoup plus qu'en sabotant leur matériel. On leur enlève la confiance du public et, par suite, on est cause que la clientèle les abandonne.

« Il est certain, dit Emile Pouget qui veut innocenter le procédé, que bien des fortunes ne se sont édifiées que grâce au silence qu'ont gardé sur les pirateries patronales les exploités qui y ont collaboré. Sans le mutisme de ceux-ci, il eut été difficile sinon impossible aux exploiteurs de mener à bien leurs affaires; si elles ont réussi,

vent de ne pas la respecter du tout, de mettre métiers en pièces et usines à sac, et tout cela pour causer au patron le plus de dommage possible, afin de le punir ou de le dompter.

Le sabotage est pratiqué en dehors du temps de grève, lorsque celle-ci n'est pas possible ou quand elle n'a pas de chance d'aboutir. Il la remplace et obtient souvent la plus grande partie des résultats qu'elle aurait donnés. « Avec le boycottage, disait le rapporteur du Congrès de Toulouse, et son complément indispensable le sabotage nous avons une arme

si la clientèle est tombée dans leurs panneaux, si leurs bénéfices ont fait boule de neige, c'est grâce au silence de leurs salariés.

« Eh bien ! ces muets du sérail industriel et commercial sont las de rester bouche close. Ils veulent parler. Ce qu'ils diront sera si grave que leurs révélations feront le vide autour de leur patron; que sa clientèle se détournera de lui... C'est à cette tactique que recourent les travailleurs du bâtiment qui dévoilent à l'architecte ou au propriétaire qui fait construire les malfaçons de l'immeuble qu'ils viennent de terminer, malfaçons ordonnées par l'entrepreneur et à son profit : murs manquant d'épaisseur, emploi de mauvais matériaux, couches de peinture escamotées... Certains trouveront cette façon de faire des ouvriers assez peu morale, mais dans l'espèce lequel est le vrai saboteur? N'est-ce pas le patron? » *Le Sabotage*, p. 43.

de résistance efficace qui, en attendant le jour où les travailleurs seront assez puissants pour s'émanciper intégralement, nous permettra de tenir tête à l'exploitation dont nous sommes victimes. »

Mais s'il s'exerce sans suspension de travail, sans qu'il y ait abandon du chantier ou de l'atelier, le sabotage s'exerce aussi en temps de grève. Il est de celle-ci comme le complément naturel et nécessaire. « Nous pouvons constater, écrivait Bousquet, ancien secrétaire du syndicat des boulangers parisiens, dans la *Voix du Peuple* du 21 mai 1905, que le simple fait de l'arrêt de travail n'est pas suffisant pour faire aboutir une grève. Il serait indispensable pour le résultat du conflit que l'outillage soit réduit à la grève, c'est-à-dire au non-fonctionnement. — Les renégats vont travailler. Ils trouvent les machines, les outils, les fours en bon état, et ce, par la suprême faute des grévistes qui, ayant laissé en bonne santé ces moyens de production, ont laissé derrière eux la cause de leur échec revendicatif... Or, se mettre en grève et laisser en état normal les machines et outils est du temps perdu pour une lutte efficace. En effet, le patronat disposant de renégats, de l'armée, de la police, fera fonctionner les machines... et le but de la grève ne sera pas atteint. Le premier devoir avant la grève est donc de réduire à l'impuissance les instruments de travail. A cette condition seulement la partie devient égale entre ouvrier et patron. »

L'emploi du sabotage se généralise de plus en plus et le Syndicalisme révolutionnaire français en est arrivé à le considérer comme un des instruments de lutte les plus redoutables entre les mains du prolétariat. Il l'accueillit, au début, avec quelque défiance; certains de ses membres le trouvaient anarchique et immoral; mais il est revenu de ce qu'il appelle « ses préventions injustifiées » et il a fait pénétrer dans la pratique courante l'usage d'une arme « qui remplit d'effroi bourgeois et capitalistes, parce qu'elle les atteint à ce qu'ils ont de plus sensible : à leur coffre-fort ».

Après lui avoir, en 1907, au Congrès confédéral de Toulouse, donné, en même temps qu'au boycottage, la consécration officielle, il en a préconisé l'usage, en 1898, au Congrès de Rennes et, en 1900, au Congrès de Paris. Depuis lors il y a eu bien peu de grèves qui n'aient été précédées, accompagnées ou suivies d'actes plus ou moins graves et aussi plus ou moins répréhensibles de sabotage [1].

1. On n'avait pas attendu, en France, pour pratiquer le sabotage qu'il eut reçu la consécration des congrès corporatifs. En 1881, les télégraphistes du Bureau central, à Paris, n'ayant pas obtenu du ministre, M. Cochery, l'augmentation qu'ils demandaient et ne pouvant pas se mettre en grève détraquèrent les appareils et, pendant plusieurs jours, la capitale fut privée de toute communication télégraphique.

Mais c'est, en 1895, que, pour la première fois, nous trouvons trace d'une manifestation « théorique et consciente » du sabotage. Le Syndicat national des Chemins de Fer menait alors une campagne contre le projet de loi Morlin-Tardieux, qui visait à interdire aux cheminots le droit de se syndiquer. Il fut question, si la loi était votée, de déclarer la grève générale et Guérard, alors secrétaire du Syndicat et depuis remplacé comme étant trop modéré, prononça, à cette occasion, un discours qui fit gros tapage et causa une vive émotion dans les milieux capitalistes, gouvernementaux et même ouvriers. Il y disait que les cheminots ne reculeraient devant aucun moyen pour défendre leur liberté syndicale et qu'ils sauraient, si c'était nécessaire, rendre la grève effective par des procédés à eux. « Avec deux sous d'une certaine matière, ajoutait-il, employée à bon escient, il nous est facile de mettre une machine dans l'impossibilité de fonctionner. » Il posait, de la sorte, nettement la question du sabotage.

Les syndicalistes se défendent de faire de la destruction pour le plaisir de détruire; ils n'en font que pour le besoin de la cause. Ils déclarent qu'ils ne visent jamais que le patron et qu'ils s'interdisent tout ce qui n'est pas exclusivement dirigé contre lui, par conséquent tout ce qui serait de nature à nuire à d'autres qu'à lui. Ils réprouvent énergiquement, disent-ils, tous les attentats qui peuvent mettre en danger des vies humaines, ils les considèrent comme criminels et refusent d'en prendre la responsabilité. Ils la laissent tout entière aux « illuminés et aux fous » qui s'en rendent coupables. Ce sont là des pratiques qui peuvent convenir à des anarchistes; elles ne seront jamais employées par des syndicalistes. Le syndicaliste n'a qu'un ennemi : le patron, et qu'une haine : la haine du capitaliste exploiteur. S'il se décide à frapper, il frappe ces gens-là seuls, et encore il ne les frappe qu'à la bourse.

Ces affirmations appelleraient plus d'une réserve; mais, admettrait-on qu'elles sont rigoureusement exactes et serait-il vrai que le sabotage constitue pour les employeurs ce que

Emile Pouget a appelé en un euphémisme de pince-sans-rire « un calmant extrêmement précieux ». il n'en demeurerait pas moins toujours réprouvé par la morale, condamné par la civilisation et réprimé par les lois. Il ramène aux pires temps de l'arbitraire, de la violence et de la barbarie. C'est un procédé de sauvage et, même parmi les syndicalistes, nombreux sont ceux qui estiment avec M. Georges Sorel « qu'il déshonore ceux qui s'en servent et qu'il ne saurait orienter les travailleurs dans les voies de l'émancipation ».

Les militants du Syndicalisme révolutionnaire sont d'un avis contraire. Ils soutiennent qu'on n'arrivera pas à l'émancipation ouvrière sans se servir du sabotage. Il constitue une pratique un peu brutale, surtout quand l'arme est maniée par des gens qui n'écoutent que leur juste colère; mais est-ce qu'à la guerre il est possible de mesurer tous ses coups et tout n'y est-il pas violent et brutal? L'emploi du sabotage ne déshonore personne; il est rendu légitime par la nécessité et aussi par les exemples des patrons.

Le prolétariat n'a pas le choix des moyens,

il est bien obligé de se servir de ceux dont il dispose et pour lui nécessité fait loi. La fin qu'il poursuit est sainte, elle justifie l'emploi des moyens qui seuls peuvent permettre de l'atteindre. Sans sabotage tous les efforts, tous les sacrifices, toutes les souffrances des travailleurs demeureront vains.

Ce qui fait échouer les grèves et empêche d'en retirer les fruits qu'on était en droit d'attendre, c'est l'intervention de camarades traîtres à la classe ou de soldats qui prennent la place des grévistes et assurent la production en faisant fonctionner l'outillage que ceux-ci ont abandonné. Comment empêcher les renégats du métier ou les hommes de la troupe de continuer le travail et d'assurer par là le triomphe des patrons? Il n'y a qu'un moyen : paralyser les machines, rendre inutilisable, au moins momentanément, le matériel de l'usine ou de l'atelier, doubler la grève des bras de la grève des outils, faire, de la sorte, que devienne inefficace et vain le concours de l'armée et celui des « flancheurs ».

En détraquant le matériel dans la mesure où c'est nécessaire, on ne se comporte pas en vandale, on se conduit simplement en belligérant. On serait vandale si on avait la volonté systématique de détruire, si on détériorait pour le seul plaisir de détériorer, si on n'était pas avant tout et exclusivement préoccupé du but à atteindre: mais ce n'est pas ce que fait le travailleur conscient. S'il s'attaque aux machines, ce n'est pas pour faire de la destruction imbécile, c'est uniquement parce qu'une impérieuse nécessité l'y oblige. Une question de vie ou de mort se pose pour lui. S'il n'immobilise pas les machines il va à la défaite: s'il les sabote il a de grandes chances de succès. Les intérêts de la classe lui dictent la conduite à tenir; il ne saurait hésiter, il doit saboter au risque d'encourir toutes les réprobations bourgeoises et de s'entendre adresser les épithètes les moins flatteuses.

Nous sommes, disent les syndicalistes, dans une situation identique à celle d'une armée qui, acculée à la retraite, se résout à regret à la destruction des armes, des munitions et des approvisionnements qui risqueraient de tomber au pouvoir de l'ennemi et pourraient être utilisés par lui. Cette destruction est légitime en ce cas, tandis qu'en toute autre circonstance elle serait une folie. Il n'y a pas plus de raisons de blâmer les ouvriers qui recourent au sabotage que de blâmer l'armée qui, pour se sauver elle-même, sacrifie ses *impedimenta*. Ils n'obéissent, eux aussi, qu'à la préoccupation de nécessités inéluctables et d'un but supérieur à atteindre.

En raisonnant de la sorte, les syndicalistes n'oublient que deux choses, mais elles ont bien leur importance : c'est que l'armée ne sacrifie que ce qui lui appartient et que l'on n'a jamais admis encore que la fin justifiât certains moyens. Il n'est pas loisible à chacun de se faire justice et il y a des représailles qu'aucune morale ne saurait approuver, pas plus la morale ouvrière que la morale bourgeoise.

Il est vrai que les partisans du sabotage prétendent que les patrons le pratiquent les premiers, et qu'ils le pratiquent, souvent, d'une manière autrement monstrueuse, abominable et criminelle que les travailleurs, qui, eux, ne s'attaquent qu'aux moyens d'exploitation, tandis que ceux qui les critiquent avec le plus d'acharnement ne craignent pas de s'attaquer, par les fraudes dont ils se rendent fréquemment coupables, à la santé et aux sources mêmes de la vie de leurs semblables.

« Saboteurs, disent-ils avec Emile Pouget, les commerçants qui en « tripatouillant » le lait, aliment des tout petits, fauchent en herbe les générations qui poussent ;

« Saboteurs, les fariniers et les boulangers qui additionnent les farines de talc ou d'autres produits noscifs, adultérant ainsi le pain, nourriture de première nécessité ;

« Saboteurs, les fabricants : de chocolats à l'huile de palme ou de coco ; de grains de café à l'amidon, à la chicorée ou aux glands ; de poivre à la coque d'amende ou aux grignons d'olive ; de confitures à la glucose ; de gâteaux à la vaseline ; de miel à l'amidon et à la pulpe de châtaigne ; de vinaigre à l'acide sulfurique ; de fromages à la craie ou à la fécule ; de bière aux feuilles de buis, etc., etc. ;

« Saboteurs, les trafiquants qui, en 1870-71, contribuèrent au sabotage de leur patrie en livrant aux soldats des godillots aux semelles de carton et des cartouches à la poudre de charbon ; saboteurs, également, leurs rejetons qui, entrés dans la carrière paternelle, construisent les chaudières explosives des grands cuirassés, les coques fêlées des sous-marins, fournissent l'armée de « singe » pourri, de viandes avariées ou tuberculeuses, de pain au talc ou aux féveroles ; saboteurs, les entrepreneurs de bâtissés, les constructeurs de voies ferrées, les fabricants de meubles, les marchands d'engrais chimiques, les industriels de tous poils et de toute catégorie. Tous saboteurs, car, tous truquent, bouzillent, falsifient le plus qu'ils peuvent. Le sabotage est partout : dans l'industrie, dans le commerce, dans l'agriculture [1]. »

Or, ce sabotage capitaliste, continuent-ils, est bien autrement condamnable que le sabotage ouvrier. Celui-ci ne s'en prend qu'à l'argent, qu'au coffre-fort ; tandis que celui-là s'attaque à la vie humaine, ruine la santé, peuple les hôpitaux et les cimetières. L'un s'inspire de principes généreux et altruistes, il est un moyen de défense et de protection

1. *Le Sabotage*, pp. 66, 67.

contre les exactions patronales, il est l'arme du déshérité qui bataille pour son existence et celle de sa famille ; l'autre n'est qu'un moyen d'exploitation intensifiée et l'expression d'une insatiable rapacité qui ne recule devant rien pour se satisfaire ; et, pourtant, c'est au premier que la morale courante réserve toutes ses critiques et toutes ses sévérités.

En affirmant cela le Syndicalisme commet une erreur volontaire; il sait bien que ce qu'il appelle, assez dédaigneusement, la morale courante condamne toutes les fraudes, qu'elle n'absout pas plus les actes répréhensibles des patrons que ceux des ouvriers ; qu'elle flétrit des procédés que les lois, d'ailleurs, punissent très sévèrement et qu'elle ne s'est jamais solidarisée avec aucune classe. Les crimes des uns ne sauraient servir d'excuse aux fautes des autres, et le sabotage — qu'il soit pratiqué par des bourgeois ou par des prolétaires — sera toujours considéré par les honnêtes gens comme un acte indigne de civilisés et incapable de servir une cause.

Du sabotage on peut rapprocher l'*obstruc-*

...nisme. Quoiqu'il soit, à première vue, tout son opposé, il donne les mêmes résultats. Il consiste non à gâcher la besogne, mais, au contraire, à la faire avec une sage lenteur et une application exagérée ; on observe scrupuleusement les règlements, on apporte aux moindres détails du service un soin méticuleux, on s'éternise à bien faire des riens.

C'est la méthode qu'adoptèrent, en 1906, les *ferrovieri* italiens. Ils n'abandonnèrent pas leurs postes et ne suspendirent pas leur travail, ils ne détériorèrent pas le matériel, ils se contentèrent de se conformer rigoureusement à la lettre de leurs instructions, de tenir un compte religieux de toutes les circulaires anciennes ou récentes, d'exiger très poliment des voyageurs qu'ils en fissent autant, de ne laisser partir aucun train sans avoir, au préalable, visité toutes les portières et longuement frotté toutes les poignées, etc...

De cette obstruction ultra-légale résultèrent un gâchis fantastique et une désorganisation telle que la circulation des trains fut presque interrompue. Cette ingénieuse tactique, qui n'était pas même de la résistance passive, eut raison de la résistance de la direction des chemins de fer et assura aux cheminots transalpins la plupart des avantages qu'ils réclamaient.

L'obstructionnisme a été employé, avec succès, en 1907, par les cheminots autrichiens; en 1908, par les ouvriers des grandes maisons d'édition de Leipzig; mais il a été, jusqu'ici, peu ou point pratiqué par les travailleurs français. Il peut rendre trop de services, dans certains cas, pour que le prolétariat de notre pays ne l'adopte pas à son tour et n'en tire pas tous les avantages qu'il peut donner [1].

1. LA CHASSE AUX RENARDS. Très souvent, en temps de grève, les syndiqués rouges, pour obliger des camarades qui voudraient continuer à travailler à abandonner le chantier ou l'usine ne reculent pas devant l'emploi des moyens les plus violents. Ils se servent du bâton, du chausson à clous, de la machine à bosseler et même du revolver.

« Expliquez à un maçon, disait l'un d'entr'eux, qu'il commet une lâcheté en travaillant pendant que ses camarades sont en grève, qu'il nuit ainsi au succès de leurs revendications, qu'il se fait du tort à lui-même puisque leurs intérêts sont les siens, ce maçon ne vous comprendra pas, mais usez de violence, donnez-lui un bon coup de poing sur la figure, il se rendra immédiatement à la force de vos arguments et s'arrêtera de travailler. »

De ces arguments, qui n'ont rien de commun avec la

Le Syndicalisme n'attend pas de l'emploi des moyens qui précèdent l'émancipation immédiate de la classe ouvrière. Il lui demande

logique comme avec le code, on a singulièrement abusé. On a poussé les brutalités jusqu'à mort d'homme. De pareils actes ne sauraient être excusés par rien. Ils sont une honte pour ceux qui ne craignent pas de les commettre et un déshonneur pour le parti qui ne les réprouve pas.

Ces cruautés témoignent d'un retour à la barbarie. Cela ne veut pas dire pourtant qu'il faille considérer comme un dogme intangible la formule de Waldeck-Rousseau : « Le droit d'un ouvrier, fût-il seul, à travailler est égal au droit de tous les autres à ne pas travailler. » Dans les milieux syndicalistes la liberté de travail est, en ce moment, attaquée avec beaucoup de violence et en l'attaquant les syndicalistes révolutionnaires sont dans la logique de leurs principes.

Ils n'admettent pas que lorsqu'une grève est déclarée par la majorité des membres de la profession, il y ait des ouvriers qui continuent le travail. La solidarité qui doit unir les hommes d'une même classe sociale exige qu'il n'y ait qu'une façon de faire. S'il en est autrement, la grève échoue, les revendications demeurent vaines, les sacrifices faits et les souffrances endurées restent sans résultat. Les traitres en sont cause. En les traquant on ne fait qu'user du droit de représailles et les mettre dans l'impossibilité de nuire à l'ensemble de leurs camarades. On défend les intérêts de la classe; et, en les défendant, on défend, par le fait même, les leurs. Si on les « houspille un peu vivement », ils n'ont pas le droit de se plaindre; ils n'avaient qu'à se conformer à la consigne, qu'à faire bloc avec « leurs compagnons de bagne », d'ailleurs

seulement de développer dans les masses populaires le sentiment révolutionnaire, de leur donner conscience de leur force, d'entretenir

ne participeront-ils pas, la grève finie, à tous les avantages arrachés au patronat?

« Je crains, écrivait M. de Mun dans l'*Echo de Paris* du 29 septembre 1910, de scandaliser un très grand nombre de mes contemporains si je dis que la formule Waldeck-Rousseau me paraît la négation même du principe social, en vertu duquel les intérêts individuels doivent être subordonnés au bien commun. Pourtant, c'est mon opinion. La vie sociale repose presqu'exclusivement sur le sacrifice des volontés particulières à la volonté générale. Y a-t-il des intérêts collectifs dont les représentants, gardiens des règles professionnelles, peuvent légitimement exiger le respect? S'il y en a, par quels moyens peut-il être sauvegardé sans que des individus s'arrogeant le droit de l'imposer et laissant « le gorille reparaitre » s'abandonnent à de lâches et criminelles violences?... Le grand mal c'est que le syndicat ne représente qu'une minorité de travailleurs : il se jette dans la violence parce qu'il n'a pas d'autorité réelle et universellement respectée. L'anarchie vient de là. Elle ne cessera que par l'organisation des professions. »

La question est complexe et délicate; mais quoi que l'on puisse penser du droit des grévistes, dans le cas d'une grève incontestablement motivée et déclarée par la majorité des ouvriers intéressés, d'empêcher leurs camarades de continuer à travailler, il ne peut y avoir qu'une opinion sur l'emploi de certains moyens sauvages : tous les honnêtes gens les condamneront et les flétriront, même lorsqu'ils n'approuveront pas « les renards » de ne pas se solidariser avec leurs camarades grévistes.

leur esprit de révolte, de développer leur combativité, de les former à la discipline, de les entraîner pour les combats plus redoutables de l'avenir, de leur faire entrevoir la possibilité de l'amplification du conflit et de la généralisation de la lutte, amplification et généralisation qui précéderont la catastrophe finale, dans laquelle sombrera tout l'ordre social actuel et d'où sortira le régime attendu fait de liberté et de justice.

Le coup suprême, c'est la grève générale qui est appelée à le porter. Elle sera le bélier sous les coups duquel croulera le vieil édifice, la tourmente qui emportera l'Etat comme le patronat. Les grèves partielles actuelles attaquent le patronat en détail, pied à pied, atelier par atelier, en un corps-à-corps par détachements et en lignes brisées ; la grève générale attaquera directement l'Etat, elle constituera le heurt dernier, l'ultime et terrible rencontre dans laquelle classe ouvrière et classe bourgeoise, ayant concentré toutes leurs forces et mis en ligne de bataille toutes leurs troupes, engageront un combat sans trêve ni merci, combat titanesque qui doit assurer le triomphe du prolétariat et lui permettre enfin de secouer tous les jougs qui jusqu'ici ont pesé sur lui.

3° *La grève générale et expropriatrice.* — Elle est la grande pensée comme la grande espérance du Syndicalisme. Si on ne peut pas dire qu'il l'ait complètement inventée, on ne saurait contester qu'il n'en ait savamment exploité et vulgarisé le concept. Il s'est appliqué à substituer dans le monde du travail à l'idée de révolution politique pendant longtemps universellement acceptée, l'idée nouvelle de révolution causée par une suspension complète et subite de travail. Il n'a rien négligé pour faire concevoir cette suspension, non seulement comme un moyen possible, mais comme l'unique moyen pratique et efficace d'affranchissement : seule, répète-t-il aux ouvriers, elle peut avoir raison des forces oppressives de l'Etat et briser les résistances intéressées d'un Pouvoir vendu au capitalisme.

Peu à peu les masses se sont laissé convaincre, et nombreux sont ceux qui « croient à la grève générale, comme les premiers chrétiens croyaient au retour du Christ, comme les chrétiens du moyen âge croyaient à l'an mil. Ils l'acceptent sans esprit critique et comme un article de foi. Ils en attendent le remède universel aux maux de la société et aux misères de la nature humaine ».

Mais, de l'avis de tous, cette grève n'est pas possible à l'heure actuelle. Les travailleurs ne sont pas encore ni assez organisés, ni assez disciplinés, ni assez convaincus, ni assez dans la main de leurs chefs. La tenter — des faits récents l'ont montré — serait aller à un échec certain. Le prolétariat serait fatalement écrasé par les forces bourgeoises. Une défaite lui ferait perdre le bénéfice de toutes les conquêtes réalisées et retarderait, pour un temps qu'il est difficile de préciser, la reprise de l'œuvre libératrice. A cette défaite il ne faut point s'exposer. Une bataille dont les conséquences doivent être si considérables et dans laquelle doivent donner des troupes si nombreuses ne s'engage pas à la légère. On ne la livre que lorsqu'on est sûr de ses hommes et de sa tactique, et, pour le moment, les dirigeants du Syndicalisme ne sont sûrs ni de la valeur de leur tactique, ni de la docilité et de la préparation révolutionnaire de leurs hommes.

Serait-elle présentement possible, la grève générale serait inutile et inefficace; bien plus, elle serait dangereuse. Il ne suffit pas de renverser ce qui existe, de supprimer l'atelier capitaliste et l'Etat bourgeois; il faut être en mesure de remplacer ce qu'on détruit; or, dans leur ensemble, les travailleurs ne sont pas encore mûrs pour prendre la direction de la production, ni prêts pour construire une société qui réponde à l'idéal syndicaliste. Leur éducation n'est pas suffisamment faite, ils ne sont pas en situation de tirer profit d'une victoire : au lendemain de la « catastrophe », il n'y aurait que désarroi, désorganisation et désordre.

On ne peut songer à assigner une date ou à fixer un plan à la révolte ouvrière. Il importe peu, pour l'instant du moins, que cette mêlée terrible, dont en entrevoit la possibilité et dont en caresse l'espoir, se produise un peu plus tôt ou un peu plus tard. L'essentiel est que l'action révolutionnaire de tous les jours la prépare, qu'elle y accoutume les esprits et qu'elle la rende fatale.

En attendant que sonne l'heure du corps-à-corps qui les débarrassera de toute autorité et de toute tutelle, les travailleurs doivent se mettre en état de jouer le rôle qui les attend le jour de la lutte et au lendemain du triomphe. En même temps qu'ils se livrent à ce travail intérieur, qu'ils s'éduquent professionnellement et moralement, qu'ils acquièrent les capacités et les vertus dont ils auront besoin quand viendra l'émancipation intégrale, ils doivent poursuivre à l'égard des patrons et de l'État une guerre implacable. Ils ont le devoir de multiplier les coups et d'affaiblir leurs adversaires afin de pouvoir les supprimer plus vite.

Pour ouvrir les hostilités contre les Pouvoirs publics ils n'ont pas besoin d'attendre la grève générale ; ils ont entre les mains des armes dont il ne tient qu'à eux de se servir. Sans chercher à pénétrer dans les assemblées légiférantes en y envoyant des mandataires, sans recourir à la politique et à ses combinaisons, ils peuvent agir sur le Gouvernement par *pression extérieure*. En le tenant sous la perpétuelle menace de grèves, de soulèvements, de sabotages, de manifestations dans la rue, d'arrêt des services publics, ils l'obligent à compter avec eux, à entrer en pourparlers, à se préoccuper de leurs revendications et à faire droit à leurs exigences. Par ce moyen, ils l'affaiblissent progressivement et le rendent tous les jours un peu moins oppressif, en attendant qu'ils arrivent à le supprimer.

Lorsque tout sera prêt ; quand les prolétaires seront suffisamment conscients et suffisamment entraînés, quand la production aura été portée par le capitalisme à son summum de perfection et d'intensité, quand les patrons seront réduits à merci, quand l'Etat aura été profondément miné, quand la décomposition du Pouvoir sera assez avancée, alors, le fruit étant mûr, on frappera le grand coup.

Sur un mot d'ordre donné, le même jour et à la même heure, les salariés de toutes les professions cesseront partout leur travail. Ateliers, usines, chantiers, magasins, bureaux, etc., demeureront vides. Il n'y aura ni effusion de sang ni luttes fratricides, il n'y aura qu'un croisement de bras général, et, cependant, l'événement constituera la plus étonnante révolution, la plus effroyable catastrophe que puisse concevoir l'imagination humaine. Ce sera la subite disparition de toute vie sociale par suite du refus de la classe ouvrière de continuer à produire pour la classe bourgeoise. « Ce refus de continuer la production dans le plan capitaliste ne sera pas purement négatif ; il sera concomittant à la prise de possession de l'outillage social et à une réorganisation sur le plan communiste, effectuée par les cellules sociales qui sont les syndicats. Les organismes corporatifs, devenus les foyers de la vie nouvelle, disloqueront et ruineront ces foyers de l'ancienne société que sont l'Etat et les municipalités. Désormais, les centres de cohésion seront dans les fédérations corporatives, dans les unions syndicales et c'est à ces organismes que reviendront les quelques fonctions utiles aujourd'hui dévolues aux pouvoirs publics et aux communes. »

Dans les milieux populaires, on a une foi aveugle en l'avènement et en l'efficacité de cette grève générale, expropriatrice et libératrice, qu'on ne cesse de faire miroiter à leurs yeux et dont l'idée constitue comme la clef de voûte du Syndicalisme. Dans les milieux intellectuels, la foi est moins absolue et la confiance moins robuste. On s'y déclare incapable de dire ce que sera la grève générale et quels résultats elle donnera.

Alors que les foules s'en font une conception formidable « tout ensemble confuse et précise », les théoriciens et les dirigeants ne sont pas éloignés de voir en elle simplement une sorte d'élégante « formule approximative », comme celles dont se servent les savants pour exprimer leurs hypothèses, un « mythe social », suivant l'expression de G. Sorel. « On a versé, écrit-il, infiniment d'encre à propos de cette catastrophe finale. Il ne faut pas prendre la chose à la lettre, nous sommes en face de ce que j'appellerai un *mythe social* : nous avons une esquisse fortement colorée qui donne une idée très claire du changement, mais dont aucun détail ne saurait être discuté comme un fait historique prévisible. »

Que ce mythe réponde exactement ou ne réponde pas du tout aux réalités de l'avenir, M. Sorel ne s'en préoccupe pas outre mesure. Il partage la manière de voir de M. Bergson sur l'utilité que peuvent avoir les mythes, alors même qu'objectivement ils ne répondraient à rien. « Tout en supposant, écrit-il, que les révolutionnaires se tromperaient du tout au tout, en se faisant un tableau fantaisiste de la grève générale, ce tableau pourrait être, pour la préparation de la révolution, un élément de premier ordre, s'il a donné à l'ensemble des pensées révolutionnaires une précision, une raideur que n'auraient pu leur donner d'autres manières de penser. »

La grève générale, ajoutent les théoriciens du Syndicalisme, devrait-elle ne se réaliser jamais ou ne donner qu'une faible partie des résultats que l'on attend d'elle, son idée serait bienfaisante, puisqu'elle sert à tenir les producteurs en haleine, à les jeter plus ardents dans la lutte de classe, à les pénétrer d'une énergie plus mâle pour les combats qui les attendent, à les lancer plus obstinés, plus terribles et plus unis à l'assaut des institutions bourgeoises ou capitalistes.

Pour qu'un grand mouvement populaire se produise, il faut une idée qui fascine les masses, qui les subjugue, qui les galvanise et leur serve pour ainsi dire de ralliement ; une idée simple qu'elles comprennent, qu'elles adoptent, qui résume leurs aspirations et leurs espérances. L'imagination domine en elles, elles vont comme dans un grand rêve : elles marchent à l'étoile.

Le mythe de la grève générale, disent les intellectuels de la Confédération Générale du Travail, est cette idée indispensable et féconde. Elle synthétise pour les syndicalistes révolutionnaires « en une formule retentissante et concrète, évocatrice de la cassure définitive du monde capitaliste, toutes leurs aspirations, toute leur volonté d'intensifier leur conscience de classe, toute leur persuasion que, le producteur étant tout, il doit finir par reprendre la place qui lui a été ravie... Comme la nuée lumineuse qui guidait les Hébreux vers la Terre Promise, elle les guide vers les destinées futures du prolétariat ».

III. Résultats obtenus.

Le Syndicalisme n'a pas la prétention naïve de faire, en un jour, la transformation sociale qu'il poursuit. Tandis que d'autres annoncent « chaque veille pour chaque lendemain » la révolution sociale, il déclare, lui, qu'il ignore quand elle se produira et qu'il ne sait même pas si elle se produira jamais telle qu'elle a été, dans ses grandes lignes, conçue par lui.

Ce n'est pas par un assaut immédiat, par un coup de main hardi et rapide qu'il compte s'emparer de la citadelle capitalistes. Il veut en faire la conquête lente, progressive, méthodique, mêlant prudemment dosée l'action révolutionnaire à l'action quotidienne humble et patiente. Il la sape sans discontinuer d'une manière, pourrait-on dire, insensible ; ses coups sont redoutables parce qu'ils sont inlassablement répétés. Ils sont forts quand c'est nécessaire, mais ils sont surtout multipliés et persévérants. Il tient à éviter la précipitation qui compromet souvent les meilleures causes, il a le sage souci de préparer les voies à ses réformes et de ménager le passage de la société capitaliste à la société socialiste.

Il s'applique à donner aux masses ouvrières la conviction que ce passage est possible, qu'il sera leur œuvre, qu'il ne dépend que d'elles d'en hâter le jour, qu'il viendra d'autant plus vite qu'elles seront plus conscientes, plus organisées, plus capables d'assurer seules le service de la production, de la circulation et de la répartition des richesses. « Il ne sera pas le résultat de l'intervention miraculeuse d'un *deus ex machina*, mais de l'effort patient de la classe ouvrière. La liberté ne descendra pas tout à coup du ciel, comme la Minerve armée sortit du cerveau de Jupiter. Sa conquête ne sera que l'universalisation de mille libertés conquises et l'acte de décès de mille autorités défuntes. »

Quoique le Syndicalisme n'ait pu, encore, mettre en action tous les moyens dont il dispose et parconséquent donner toute la mesure de sa valeur révolutionnaire, il est heureux de constater que de précieux et encourageants résultats ont été déjà obtenus. On est arrivé, disent ses partisans, à diminuer l'omnipotence du patronat, à tenir en échec l'arbitraire du Pouvoir, à grouper en un faisceau puissant les forces prolétariennes, à former une élite composée d'hommes énergiques prêts à tous les sacrifices pour le triomphe de la cause, à vulgariser l'idée d'une organisation sociale basée sur la seule liberté. Même si les rêves d'avenir du Socialisme syndicalistes ne devaient jamais se réaliser, on devrait le bénir pour les services qu'il a rendus et pour ceux qu'il rend encore.

Il a été, poursuivent-ils avec lyrisme, il est et il sera jusqu'au bout un merveilleux agent de progrès : de progrès matériel, en obligeant le capitalisme à accélérer sans repos, à intensifier sans relâche ses moyens de production ; il est l'aiguillon qui stimule, le fouet qui cingle et empêche de s'immobiliser ; de progrès moral, en faisant appel à toutes les forces vives de la personne humaine et en donnant un exemple permanent de courage et d'énergie, « dans un monde où le goût de la liberté est perdu, dans un temps qui n'a plus le sentiment de la dignité. C'est en ce sens qu'il fait l'éducation de la société. Il est comme un foyer ardent dont la chaleur rayonne dans l'ensemble du corps social. Quel prodige que celui d'avoir restauré le principe de l'initiative collective du groupement social, par opposition aux déprimantes pratiques de l'intervention étatique ! Songez que même les hommes les plus façonnés pour l'autorité, pour la servitude, les fonctionnaires, tous ceux qui dépendent de l'administration et de la politique, ont esquissé le geste de la révolte et affirmé la souveraineté du travail libre ! Vraiment, au souffle de l'action prolétarienne, il y a quelque chose de changé, et là où l'on ne trouvait hier que des êtres asservis commencent à se lever des hommes. »

Quelque considérables qu'il trouve les résultats obtenus, le Syndicalisme n'y voit que les premiers fruits d'une action qui doit s'intensifier encore et conduire, un jour, au triomphe définitif du prolétariat. Ce triomphe il l'espère, il croit même pouvoir le garantir, grâce à la tactique qu'il suit et aux moyens dont il dispose. A son avis, nous assistons à un enfantement héroïque. « Vis-à-vis de ces secousses volcaniques que, périodiquement, le monde du travail imprime à la société moderne, nous voyons tous les partis désorientés, toutes les idéologies effarées, toutes les sagesses apeurées. Que se passe-t-il ? Il se passe cette chose à la fois simple et formidable : la mise au premier plan du travail expulsant tous les parasitismes, depuis les plus apparents et les plus grossiers jusqu'aux plus subtils et aux plus relevés ; l'atelier surgissant en pleine lumière et faisant disparaître tout ce qui n'est pas fonction du travail productif ; toute la vie sociale rabattue sur le plan de la production, devenant, comme autrefois la guerre dans la cité antique, le ciment de la cité moderne ; en un mot, la création d'une civilisation nouvelle, où le travail ayant resorbé en lui toutes les puissances intellectuelles transcendantes au monde de la production et ayant mis ainsi un terme au divorce stérilisant de la théorie et de la pratique, la vie recouvrera l'unité, la santé, l'équilibre [1]. »

Malgré le bel optimisme dont ils font preuve, les chefs sont bien obligés de reconnaître que

1. Edouard Berth, *Les Nouveaux Aspects du Socialisme*, p. 61.

le Syndicalisme subit, en ce moment, un temps d'arrêt, qu'il ne se développe pas aussi vite qu'on l'avait espéré; mais ils refusent d'y voir une crise dangereuse ; ce n'est, disent-ils, qu'un malaise passager. « Pour qu'il y eut crise il faudrait, comme s'exprime le citoyen Yvetot, que se perçoive un péril, et jamais le Syndicalisme révolutionnaire ne se porta si bien, en France, malgré le malaise en question. D'ailleurs il se remet peu à peu, comme un adolescent se remet d'un malaise de croissance. » De l'épreuve il sortira « mieux assaini, plus vivant, plus actif et plus menaçant. »

Ce malaise tient à bien des causes, mais les violences et les exagérations des révolutionnaires y sont pour beaucoup. Parmi les travailleurs, les uns sont effrayés des doctrines qu'ils entendent soutenir; les autres sont découragés en ne voyant pas se produire les réalisations dont ils s'étaient bercés ; d'autres n'ont pas encore une pleine conscience de leur rôle et manquent des « vertus nouvelles que requiert la révolution ». Les militants ne se recrutent plus, leur pénurie est frappante dans les congrès, et, pourtant, la question des militants est capitale pour le Syndicalisme, car, si les éléments stimulateurs manquent, les organisations s'étiolent et le mouvement s'arrête.

Le navire prolétarien serait-il, suivant l'expression de Niel à Lens, menacé par les flots patronaux ou subit-il simplement un simple grain ? Les syndicalistes soutiennent que sa marche n'est que momentanément ralentie et que bientôt il reprendra sa course triomphale vers la Terre Promise : la terre où l'attendent la justice et la liberté.

Et à ceux qui, en voyant l'immense disproportion qui existe, encore aujourd'hui, après de longues années de laborieux efforts, entre les résultats obtenus et ceux qui restent à réaliser, seraient tentés de se laisser aller au découragement et d'abandonner la lutte, à ceux-là Georges Sorel dit : « Rappelons-nous l'histoire de l'Eglise, histoire étonnante qui déroute tous les raisonnements des politiques, des érudits, des philosophes, que l'on pourrait croire, parfois, conduite par un génie ironiste qui se plairait à accumuler l'absurde, dans laquelle le développement des institutions à été traversé par mille accidents. Maintes fois, les gens les plus réfléchis ont pu dire que la disparition n'était plus qu'une question de quelques années; et cependant les agonies apparentes étaient suivies de rajeunissement.

« L'Eglise s'est sauvée grâce à des organisations spontanées; à chaque rajeunissement se sont constitués de nouveaux ordres religieux qui ont soutenu l'édifice et l'ont même relevé. Ce rôle des moines n'est pas sans analogie avec celui des syndicats révolutionnaires qui sauvent le Socialisme. Les déviations vers le trade-unionisme, qui sont la menace toujours redoutable pour le Socialisme rappellent ces relachements des règles monastiques qui finissent par faire disparaître la séparation que les fondateurs avaient voulu établir entre leurs disciples et le monde.

« La prodigieuse expérience que nous montre l'histoire de l'Eglise est bien de nature à encourager ceux qui fondent de grandes espérances sur le Syndicalisme révolutionnaire et qui conseillent aux ouvriers de ne rechercher aucune alliance savamment politique avec les partis bourgeois ; car, l'Eglise a plus profité des efforts qui tendaient à la séparer du monde que des alliances conclues entre les papes et les princes [1]. »

1. *La Décomposition du Marxisme*, pp. 63, 64.

CHAPITRE VI

LE SYNDICALISME RÉVOLUTIONNAIRE ET LES COURANTS SYNDICALISTES DIVERGENTS

I. Syndicalisme réformiste. — II. Syndicalisme coopératif et mutualiste. — III. Syndicalisme jaune. — IV. Syndicalisme étranger. — V. Syndicalisme de l'école sociale catholique.

Le Syndicalisme que nous avons décrit jusqu'ici est le Syndicalisme révolutionnaire, celui de la partie la plus avancée, la plus bruyante et aussi, il faut bien l'avouer, la plus active, la plus audacieuse et la plus irréductible de la Confédération Générale du Travail. Ce Syndicalisme, quoique l'ardeur de ses militants, suivant l'expression de G. Sorel, semble, aujourd'hui, un peu éteinte, continue à tenir la tête du mouvement et fait tous ses efforts pour s'imposer au prolétariat dont il prétend incarner l'âme et secouer les torpeurs.

Il se donne comme le seul logique et le seul capable de faire aboutir les revendications de la classe ouvrière. Il affecte à l'égard des autres formes du Syndicalisme des sentiments qui ne ressemblent en rien à de la sympathie. Il tient toutes ces formes en profonde pitié. Les considérant comme des obstacles beaucoup plus que comme des auxiliaires, il les traite en adversaires et les combat avec son habituelle violence.

Ces formes sont très variées, elles constitueraient un sujet très intéressant d'étude. Le cadre de ce travail ne comporte pas de longs détails sur chacune d'elles; nous nous bornerons à quelques mots sur les principales d'entre elles, sur celles que l'on peut regarder comme des formes-types. Quoique courts, ils ne seront pas inutiles pour donner une perception plus nette de l'esprit et des tendances de l'Ecole révolutionnaire.

I. Le Syndicalisme réformiste.

Nous avons vu plus haut qu'il existe, depuis l'origine, deux courants très tranchés au sein même de la Confédération Générale du Travail : le courant modéré et le courant violent. Le Syndicalisme comme le Socialisme a ses réformistes et ses révolutionnaires. A juger les choses par les apparences, on croirait que ces derniers sont les plus nombreux, alors qu'ils ne sont que les plus audacieux et les plus entreprenants. C'est par leurs violences qu'ils en imposent au public et même à leurs camarades. Les Réformistes sont, et de beaucoup, la majorité. Ils dominent toujours dans les fédérations les plus puissantes : Fédération du Livre, Fédération des Mineurs, Fédération des Chemins de Fer, Fédération du Textile. Ils sont lassés d'être conduits par les exaltés et voudraient, ainsi qu'il a été précédemment remarqué, prendre la direction du mouvement afin de l'empêcher d'aboutir à des désastres.

Ils ont la conviction que les violences révolutionnaires arrêtent l'essor du Syndicalisme et compromettent les résultats attendus. Il est fort probable, pensent-ils, que si le Syndicalisme français, que représente la Confédération Générale du Travail, s'était inspiré de méthodes plus modérées, au lieu d'employer le système néfaste de la guerre à outrance contre le patronat, de la grève quand même sans esprit de négociation, le nombre de ses adhérents serait aujourd'hui beaucoup plus considérable. Ce n'est pas, pourtant, que le mot de révolutionnaire les effraie ; c'est un titre qu'ils revendiquent hautement pour eux et ils paraissent, — on ne sait trop pourquoi, — y beaucoup tenir. « Il y a des réformes, écrit Niel, qui ont une profonde vertu révolutionnaire. Ce sont toutes celles qui font passer au prolétariat une partie de la puissance économique ou morale. Toute réforme qui arrache un morceau de capital ou un morceau d'autorité au patron pour le faire passer à l'ouvrier est une réforme révolutionnaire. Ces réformes anémient le patronat parce qu'elles diminuent sa puissance de résistance ou de défense et qu'elles nous rapprochent d'autant du dernier acte de la révolution, dont elles multiplient ainsi les chances de succès [1]. » Ce n'est pas la forme de l'action employée pour arracher la réforme qui donne à celle-ci son caractère révolutionnaire, c'est d'elle-même qu'elle le tire. « A quoi donc, dès lors, peuvent bien rimer ces deux mots de réformiste et de révolutionnaire dans le vocabulaire syndical ? Pourquoi ne pas reconnaître honnêtement que les uns et les autres sont réformistes et révolutionnaires à la fois ? »

Il va sans dire que les Révolutionnaires ne goûtent pas ce concordisme et qu'ils contestent aux réformes toute vertu vraiment transformatrice. La réforme, suivant eux, ne touche en rien, par sa définition même, au fond des choses. Elle est un terrain commun où des adversaires se rencontrent, discutent et finissent par s'accorder. La législation ouvrière, qui représente le plus net des réformes réalisées, n'est, en soi, qu'une prime payée par la Démocratie bourgeoise à la paix sociale. Les améliorations que cette législation

1. *Revue syndicaliste*, mai 1909.

impose au patronat au profit de ses ouvriers sont une assurance contre tout risque de trouble. Atténuer les mauvais côtés du capitalisme c'est l'assainir, le fortifier et, par conséquent, le consolider. Vouloir faire de la paix sociale, c'est fermer la voie à la révolution sociale. Il ne saurait donc être question d'une entente entre Révolutionnaires et Réformistes.

Ceux-ci ne sont pas partisans des moyens illégaux, ni de la lutte de classe telle que l'entendent ceux-là. Ils n'approuvent pas l'emploi du sabotage; à plus forte raison condamnent-ils l'usage du chausson à clous et de la machine à bosseler. Ils rejettent, en principe, tout ce que repoussent la civilisation et la morale courante. Au lieu de fouler, comme à plaisir, aux pieds la légalité, ils sont d'avis qu'on ne doit s'en écarter qu'à regret et lorsqu'on y est absolument contraint.

Ils sont pour le groupement du prolétariat sur le terrain de classe; ils veulent que les syndicats ouvriers soient composés exclusivement de travailleurs, mais ils ne croient pas qu'il faille jeter classe contre classe dans un corps-à-corps farouche.

Ils estiment qu'il y a œuvre plus sage et plus pratique à faire que de semer la haine et de pousser les hommes à des luttes fratricides. La classe ouvrière et la classe capitaliste ou bourgeoise n'ont évidemment pas les mêmes intérêts, on peut même dire que leurs intérêts sont souvent opposés, mais est-ce une raison pour se déclarer une guerre impitoyable, une guerre qui ne devra cesser que par la disparition d'un des belligérants ? Ne vaut-il pas mieux se faire des concessions réciproques, chercher un terrain d'entente, s'appliquer d'un commun accord à supprimer les injustices et les autres abus existants, préparer ainsi sans secousse et opérer sans violence, chaque jour un peu plus, la révolution qui transformera le monde du travail ? N'est-ce pas là la seule manière pratique d'aboutir ? On ne sacrifie aucune revendication ouvrière, on n'abandonne rien de l'idéal socialiste, on prend seulement pour faire triompher ces revendications et réaliser cet idéal des moyens, non d'anarchiste, mais d'homme civilisé et conscient.

Il n'y a pas que la lutte sauvage et impitoyable qui soit réellement génératrice de révolution. La lutte calme, mesurée, soutenue avec des armes légales a, elle aussi, sa valeur révolutionnaire et même une très grande valeur révolutionnaire. La modération n'exclut ni l'énergie, ni la vigueur, ni l'entrain, ni la persévérance ; elle donne de bien meilleurs résultats que la violence. Elle est la seule tactique que les Réformistes conseillent et la seule qu'ils soient disposés à suivre ; elle n'a rien qui ressemble à une pactisation ou à un désarmement. Ils estiment qu'avec elle ils arriveront et plus sûrement et plus vite au but. Elle leur permet, sans entasser des ruines, d'arracher, chaque jour, au patronat « un lambeau de son capital ou un morceau de son autorité », et par là davancer, chaque jour, l'heure où l'atelier socialiste sera substitué à l'atelier bourgeois.

Les Réformistes poussent, autant que les Révolutionnaires, les ouvriers à s'unir fortement en se cantonnant dans leurs cadres corporatifs. Ils leur répètent que livrés à eux-mêmes ils sont sans défense et obligés de subir toutes les conditions de l'employeur, qu'il faut donc qu'ils s'associent avec les camarades de leur métier; mais, à leur avis, c'est détourner les syndicats de leur fin que d'en faire, avant tout, des machines de guerre sociale et des organisations de combat. Le but premier de ces groupements professionnels est, non de marcher au pas de charge à l'assaut des institutions actuelles, mais de résister aux abus patronaux et d'arracher de meilleurs conditions de travail au point de vue de la rétribution et de la durée. C'est l'espoir de ces améliorations immédiates qui attire au syndicat la plupart de ceux qui y viennent; bien peu sans lui entreraient dans des associations qui comportent une cotisation et, par suite, imposent une nouvelle privation à la famille ouvrière. La devise réformiste est : s'unir pour produire et non pour détruire.

Le Réformisme n'entend faire à personne une obligation d'être ou patriote, ou militariste, ou démocrate; mais il refuse absolument de devenir une école d'antipatriotisme, d'antimilitarisme ou d'antiparlementarisme. Il s'interdit de faire aucune propagande dans ce sens. Il tient tout cela pour choses privées, pour choses, par conséquent, relevant de la conscience individuelle seule et nullement du syndicat. Celui-ci doit rester absolument neutre en ces questions, comme en matière philosophique et religieuse.

Chacun de ses membres est libre de penser comme il l'entend et d'agir comme il lui plaît. Le molester à cause de ses opinions est un acte odieux de tyrannie révolutionnaire. Tout ce qu'on peut lui demander légitimement, c'est qu'il prête son concours à l'œuvre syndicale et travaille, loyalement uni à ses camarades, à l'affranchissement de sa classe. Tout ce qu'on doit lui dire est ceci : « Camarade, es-tu un travailleur ? Es-tu un salarié ? Viens. Tu votes pour les partis de droite, ou pour ceux du centre, ou pour le parti radical, ou pour les socialistes. Je ne veux pas le savoir. Quand tu entres dans un syndicat, tu n'es qu'un salarié. Tu peux avoir des croyances ou n'en avoir pas ; tu n'es qu'un salarié. Tu peux désirer la transformation sociale ou être imbu d'un esprit de conservantisme social ; ce n'est pas notre affaire. Tu dois militer dans le milieu syndical pour faire de l'action syndicale et pas autre chose [1]. » Par là seulement, on arrivera à créer des syndicats nombreux et puissants. On videra les organisations professionnelles si on veut imposer à ceux qui les composent des *credo* qui leur répugnent ou des opinions qu'ils sont maîtres de ne pas avoir.

Les principales des fédérations réformistes désapprouvent formellement les campagnes antipatriotiques et antimilitaristes qui ont été menées par les avancés du Syndicalisme. « Considérant, disaient, en 1909, les Cheminots de l'Est, que la Confédération Générale du Travail a introduit dans les syndicats, contrairement aux statuts, une action politique dissolvante sous la forme de l'antiparlementarisme et de l'antipatriotisme ;... le Comité du réseau, réuni le 6 juin, salle Béranger, à Paris, est d'avis qu'il y a lieu de retirer à la Confédération Générale du Travail l'adhésion des syndiqués de l'Est, en attendant la reconstitution, sur des bases pure-

1. M. Compère-Morel, *Discours à la Chambre des Députés*, 2 décembre 1911.

ment syndicalistes, d'une union de toutes les organisations ouvrières françaises. »

On souhaiterait que les Réformistes réprouvassent avec la même netteté les campagnes antireligieuses faites et les propos, injurieux pour nos croyances, proférés par certains meneurs du mouvement syndicaliste.

S'ils ne sont pas systématiquement antiparlementaires et antidémocrates, les Réformistes n'en sont pas moins de fervents partisans de l'action directe. Ils n'ont pas plus de confiance que les révolutionnaires dans la politique et les politiciens. Eux aussi font leur la formule : l'émancipation des travailleurs sera l'œuvre des travailleurs eux-mêmes.

Ils ne reconnaissent d'autre droit au Parlement, institution et organe essentiellement bourgeois, que celui d'enregistrer et de donner la sanction légale aux modifications introduites par la volonté des travailleurs. Ils ne suivent pas, eux non plus, « ce chemin détourné qui consisterait à choisir des législateurs pour faire les lois par lesquelles on forcerait les patrons à réformer les conditions du travail. Ils opèrent sur le terrain des libres usages, des libres coutumes, terrain sur lequel se traitent librement de nombreuses affaires, se modifient de nombreuses conditions de notre vie sociale. Et voilà comment tout le Syndicalisme n'est autre chose que de l'action directe. Et voilà comment action directe ne veut pas dire forcément action violente ni action illégale [1]. »

Réformistes et Révolutionnaires se distinguent surtout par leur conception des moyens de réalisation. Ils se figurent l'évolution sociale chacun à sa manière. Les premiers y voient des effets sociaux successifs progressivement engendrés par les institutions, « des idées anciennes peu à peu expropriées par des idées nouvelles ». On irait, d'après eux, à un nivellement des situations et à une transformation sociale en passant par une série lente, mais ininterrompue de modifications s'opérant sous l'influence du temps, du milieu, des circonstances et du progrès. Le Réformisme admet le principe de continuité historique.

Le Syndicalisme révolutionnaire conçoit

1. Niel, *Revue syndicaliste*, mai 1909.

d'une manière toute différente l'évolution sociale : « C'est pour lui en permanence la révolution, autrement dit l'action quotidienne creusant, chaque jour davantage, moralement et matériellement le fossé qui sépare les classes opposées, accentuant la scission par des ruptures partielles renouvelées, répudiant les règles de droit et de morale consacrées par la classe dominante et opérant ainsi dans les faits et les esprits des renversements d'idoles. La catastrophe finale doit être amenée par des catastrophes partielles accumulées qui, à l'encontre du principe réformiste de continuité historique, se basent sur un principe de discontinuité et de mutation brusque [1]. »

II. Le Syndicalisme coopératif et mutualiste.

Dans ce syndicalisme très pacifiste et très conservateur les travailleurs d'une même profession s'unissent pour s'entr'aider ; ils

1. *Année sociale internationale*, 1911, (Act. Pop.), p. 374.

n'aspirent pas à renverser l'ordre social actuel, ils sont convaincus que c'est impossible ; ils ne cherchent même pas à le transformer directement ; ils s'appliquent, avant tout, à obvier à ses imperfections et à tirer le meilleur parti possible d'une situation qu'il n'est, pensent-ils, au pouvoir de personne de changer.

Ils n'ont rien de révolutionnaire. Ce sont de braves gens placides, respectueux de la légalité, partisans de la morale traditionnelle, soutiens de l'ordre, riches de philosophie résignée, natures bourgeoises égarées dans les rangs du prolétariat. Ils travaillent à corriger les injustices du sort et à s'adoucir les misères de la vie. Afin de suppléer à l'insuffisance des salaires, ils forment des coopératives de consommation qui leur permettent ou de se procurer à meilleur compte les choses nécessaires à l'existence, ou de les avoir de meilleure qualité pour le même prix, ou de toucher des ristournes en participant aux bénéfices réalisés dans l'affaire. Afin de parer aux surprises et aux inconvénients du chômage, de la maladie, des accidents, des infirmités, ils se constituent en sociétés de secours mutuels dont le but est d'assurer à leurs membres aide et assistance dans les circonstances plus particulièrement difficiles de la vie ouvrière. Moyennant une modique contribution versée toutes les semaines ou tous les mois, les sociétaires ont droit, par exemple : au médecin, aux remèdes et à des secours en cas de maladie ; à des obsèques et à une sépulture convenable en cas de mort ; à une pension quand ils arrivent à un certain âge, etc...

Quoique composées surtout de travailleurs, ces associations sont ouvertes à tous ceux qui veulent y entrer ; les diverses classes sociales peuvent s'y coudoyer et y fraterniser ; une seule condition est exigée : se conformer aux statuts de la société. A la lutte de classe on substitue la lutte pour une meilleure existence.

Le Syndicalisme révolutionnaire tient ces syndicats en profond mépris, il les traite de syndicats d'épiciers et de marchands. Il leur reproche d'adopter les méthodes les plus étroitement et les plus sévèrement commerciales, de courir après les dividendes, de cultiver les pires procédés capitalistes et de « chloroformiser » le prolétariat par les quelques misérables améliorations qu'ils apportent à son sort. Ils vont à l'encontre de l'idéal social du vrai syndicalisme. Dans leur égoïsme, ils se préoccupent uniquement de l'amélioration de leur sort : le sort de l'ensemble de la classe ouvrière les laisse presque indifférents.

Cette forme de syndicalisme ne se rencontre plus guère aujourd'hui à l'état pur. On peut dire qu'elle a disparu de la faune sociale. C'est surtout en Angleterre qu'elle a pris naissance et extension. On y compte environ deux millions de coopérateurs ; mais, depuis un certain nombre d'années déjà, un mouvement profond s'est produit parmi eux. De plus en plus ils sortent du coopératisme proprement dit pour aller au coopératisme politique et au socialisme. Les deux grands organismes dans lesquels s'incarnait le coopératisme anglais : l'Union coopérative et le Trade-Unionisme, se rangent de plus en plus sous les plis du drapeau du *Labour Party*.

Pendant longtemps, ils ont travaillé côte à côte ; ils se composaient presque du même personnel, quoiqu'ils restassent indépendants. De plus hauts salaires et des heures de travail plus courtes, avec une meilleure condition d'existence pour l'ouvrier, ont été le but essentiel de ces syndicalistes. Ils n'ont pas encore abordé le domaine de la production, de la répartition et de l'échange; mais ils sont en train d'évoluer et d'évoluer rapidement.

S'ils poursuivent toujours la même fin, ils la poursuivent en se servant d'un moyen nouveau. Usant du droit électoral et de la force que leur donne leur nombre, ils ont envoyé à la Chambre des Communes une cinquantaine de députés appartenant à leur classe ou dévoués profondément à ses intérêts.

Ils comptent en augmenter incessamment le nombre, en faire une majorité et, alors, mettre les lois et les Pouvoirs publics au service du bien-être de tous, surtout des travailleurs, et cela, non sous la forme de la lutte des classes, de l'expropriation et de la socialisation collectivistes, mais sous celle d'une législation assurant un salaire minimum, la constitution d'une petite propriété rurale et les autres améliorations auxquelles l'ouvrier a droit.

Au moment où nous voyons, en France, les syndicalistes répudier toute alliance avec la politique et déclarer orgueilleusement qu'ils ne veulent rien obtenir que par leurs propres forces, il est curieux de constater chez les coopérateurs anglais un mouvement absolument contraire. Un parti déjà considérable, sinon par le nombre, du moins par l'autorité de ses représentants, s'efforce de lancer les sociétés coopératives dans l'arène politique et de leur donner une forte représentation au Parlement. Il est vrai que les Congrès coopératifs ont, jusqu'ici, refusé de les suivre; mais ils ne se tiennent pas pour battus et comptent bien, tôt ou tard, entraîner ceux qui actuellement restent fidèles aux principes et aux méthodes du vieux Coopératisme et arriver ainsi à transformer les institutions politiques de leur pays dans le sens de l'intérêt prolétarien et de l'idéal corporatif.

Leurs idées font, tous les jours, du chemin. Elles sont adoptées de plus en plus par le Trade-Unionisme. Les vieilles Unions ne visaient à aucune transformation de la société, elles en acceptaient les bases et leur seule ambition, nous l'avons dit, était d'améliorer la situation de leurs membres en leur obtenant des concessions relatives aux salaires et aux heures de travail.

Elles s'occupaient exclusivement des travailleurs de leur profession; leur action était nettement individualiste et, pour atteindre à leurs fins, elles n'avaient pas besoin du législateur dont elles repoussaient l'ingérence, estimant cette intervention restrictive de la liberté. Leur individualisme n'était pourtant pas poussé à l'extrême : à l'action isolée, elles substituaient celle du groupement professionnel et du groupement professionnel aussi étendu que possible.

Il en fut ainsi jusqu'en 1889, mais alors, à la suite de la grève des dockers, se constituèrent de nouvelles Unions formées d'ouvriers « non qualifiés », c'est-à-dire appartenant aux plus humbles professions. Ces Néo-Unions se montrèrent, dès leur origine, animées d'un esprit nettement socialiste. Elles formulèrent dans les divers congrès des propositions de nationalisation du sol, des mines, des moyens de transport. Elles réclamèrent la constitution de retraites de vieillesse par l'Etat, la journée de 8 heures et la formation d'un parti ouvrier. Leur influence s'accrut insensiblement ; elles eurent, petit à petit, raison des tendances conservatrices des anciennes Unions et orientèrent vers le Socialisme l'antique Coopératisme britannique.

Les formidables grèves, qui se sont produites dans le courant de ces dernières années. montrent le chemin qui a été fait. Le prolétariat anglais aiguille du côté du Socialisme, mais le socialisme auquel il tend, au moins pour le moment, n'est autre chose que ce socialisme d'Etat que les purs du Syndicalisme français proclament aussi méprisable et aussi malfaisant que le capitalisme lui-même. Un abime sépare donc toujours nos syndicalistes des groupements professionnels à tendance mutualiste et coopérative.

III. Le Syndicalisme jaune.

Ce syndicalisme à pris naissance chez nous; il est le résultat d'une réaction. Fatigués du joug que la Confédération Générale du Travail entendait faire peser sur tout le monde ouvrier, justement effrayés des conséquences que devaient avoir les principes et les méthodes révolutionnaires, convaincus que la lutte de classe et la lutte sans merci entre employeurs et employés ne peut aboutir guère qu'à des ruines, des travailleurs courageux, réfléchis et indépendants se sont décidés à rompre avec les meneurs du Syndicalisme avancé et à créer un mouvement différent du leur.

Ils ont nettement pris position contre les Rouges; ils ne se sont pas contentés de se séparer d'eux. En face des Bourses du Travail, ils ont ouvert des Bourses indépendantes. Très discutés, dès leur origine, leurs syndicats ont traversé des phases diverses de prospérité et de revers. Malgré l'opposition qu'ils rencontraient, ils ont continué dans plusieurs centres industriels, notamment dans le Nord, une propagande active et absolument professionnelle. A côté des groupements provinciaux, s'est constituée à Paris la Fédération des Jaunes de France dans le but de vulgariser les idées antisocialistes. Un journal sert de lien entre les divers syndicats adhérents, il a pour titre : *Le Jaune*, bulletin des Bourses Libres du Travail.

Les Jaunes sont partisans, autant que personne, du groupement ouvrier. Ils savent, aussi bien que leurs adversaires, que les travailleurs ont absolument besoin de s'unir pour sauvegarder leurs intérêts et faire prévaloir leurs légitimes revendications ; mais ils se refusent, plus encore que les réformistes, à faire des syndicats des machines de guerre ; ils veulent en faire des organisations de défense et même des instruments de paix sociale en les employant uniquement à garantir le respect de la justice.

Ils ne disconviennent pas, eux non plus, que les intérêts du patron et ceux de l'ouvrier ne soient parfois en opposition ; mais ils ne pensent pas qu'ouvriers et patrons soient nécessairement des ennemis et doivent, en toute circonstance, se traiter en adversaires. Ils ont un égal besoin les uns des autres ; la lutte farouche et systématique est funeste à tous. On ne doit y recourir que lorsque tous les autres moyens d'obtenir justice ont échoué. L'idéal est une collaboration basée sur le respect de tous les droits.

Sans repousser la grève d'une manière absolue, les Jaunes la considèrent comme une arme à double tranchant ; elle blesse aussi souvent et aussi profondément ceux qui la font que ceux qui la subissent. Loin d'y voir un instrument incomparable de libération, ils y aperçoivent surtout une triste source de maux. Ils désirent qu'avant de se résoudre à la proclamer, on épuise les moyens de conciliation. Ils sont pour l'union des classes et non pour la lutte des classes et ils ne pensent pas que, si par malheur on est contraint à la guerre, l'état d'hostilité légitime l'emploi de procédés aussi sauvages que ceux que recommandent les militants du Syndicalisme révolutionnaire.

Le Jaune du 24 juin 1905 résumait ainsi leur programme : « Nous voulons modifier et transformer le salariat, non dans le sens du collectivisme, mais dans le sens de la propriété individuelle. Les revendications légitimes du prolétariat reposent sur la participation aux bénéfices, dont le point de départ est l'achat par les travailleurs d'une parcelle du capital industriel. Quand, dans une usine qui, par exemple, compte 5000 ouvriers, 500 d'entr'eux possèderont chacun seulement une action de 100 francs, il y aura quelque chose de changé. D'abord 500 propriétaires nouveaux, c'est-à-dire 500 hommes qui, dorénavant, auront quelque chose à « conserver », ensuite, certainement 500 antigrévistes. Généralisez et développez l'expérience. C'est la fin de la démagogie socialiste. »

Un pareil programme n'est ni très clair, ni très pratique, ni même très nouveau. Il est aussi ancien que les sociétés coopératives de production dont il donne les grandes lignes. On le retrouve, à toutes les époques de l'histoire, plus ou moins affirmé ; mais on le retrouve surtout dans les industries où la main-d'œuvre est prépondérante. Rien n'empèche, du reste, la coopération de s'adapter aux productions les plus dissemblables, si les groupements ont à leur tête des directeurs intelligents, actifs et dévoués.

C'est donc au régime coopératif que les Jaunes semblent vouloir ramener la société et demander la solution des redoutables problèmes économiques qui agitent si profondément notre époque. « La société de demain, disait M. Biétry, le président de leur confédération, ne sera pas faite de capitalistes et de salariés divisés en deux camps ennemis. Nous verrons le régime de la production aujourd'hui déséquilibré et rempli d'injustice, revenir à l'harmonie complète et à l'équité. »

Comment s'opérera exactement ce retour à l'harmonie complète et à l'équité ? En quoi consisteront cette harmonie et cette équité? De quelle façon s'y prendra-t-on pour faire passer entre les mains de chaque travailleur une parcelle du capital industriel ? Que serait le salariat « transformé non dans le sens du collectivisme mais dans celui de la propriété individuelle » ? L'accession à cette propriété ne sera-t-elle pas l'apanage exclusif d'une aristocratie ouvrière qui reconstituera à son profit l'organisation traditionnelle du travail et en renouvellera les abus? Sur les 5000 ouvriers d'une usine que deviendront et que feront les 4500 qui ne posséderont pas la fameuse « action de 100 francs » ? Ce sont là des questions très intéressantes que M. Biétry à négligé de résoudre. Son programme, par suite, parait bien imprécis et bien chimérique même à ceux qui n'ont aucune sympathie pour le Syndicalisme révolutionnaire. Ils trouvent qu'on y oublie trop que la question sociale est une question morale et ils craignent que la coopération ne réserve des déceptions considérables ce ceux qui ont mis leur espérance en elle.

Les Rouges n'affectent pas seulement un immense mépris pour les Jaunes, ils les poursuivent d'une haine farouche. Ils les traquent avec férocité. Ils les traitent de vendus. Ils leur reprochent de faire échouer le mouvement ouvrier en divisant le prolétariat et les accusent d'être de connivence avec le patronat dont ils font le jeu et servent les intérêts.

En séparant, disent-ils, leur cause de celle des autres travailleurs, en se dessolidarisant d'avec leurs compagnons de misère, surtout en consentant à prendre leur place durant les grèves, ils rendent vains tous les efforts tentés, inutiles tous les sacrifices acceptés en vue d'affaiblir le patronat et d'affranchir le travail. Ils sont traitres à leur classe.

Grâce à eux, les patrons peuvent se moquer des réclamations les plus légitimes de leurs ouvriers; ils savent qu'elles ne sauraient tirer à conséquence. Ils ont trouvé de précieux auxiliaires dans ces hommes qui leur vendent leur conscience et leur livrent leurs camarades.

Le Jaune est donc pour le Syndicalisme révolutionnaire l'ennemi auquel on ne fait pas merci; contre lui toutes les représailles sont permises; si on ne l'écrasait pas, il serait cause que la situation intolérable du producteur se perpétuerait indéfiniment. Il a été inventé par le capitalisme pour briser la formidable poussée ouvrière [1].

1. Accusés de recevoir des subventions du patronat, les Jaunes ont répondu que leurs adversaires tendaient bien, eux aussi, la main; qu'ils la tendaient partout, même à l'étranger et qu'ils acceptaient des subsides jusques des rivaux de notre industrie nationale. Au reproche de diviser les forces ouvrières, d'empêcher la réussite des contrats collectifs, de faire le jeu des exploiteurs, ils ont objecté que la vie syndicale se prête à bien des formes d'association professionnelle, qu'elle comporte des moyens d'action très divers et qu'il est loisible à chacun d'adopter la tactique qu'il juge la meilleure. On n'est pas tenu de considérer les principes révolutionnaires comme des dogmes sacro-saints et la méthode syndicaliste comme la seule susceptible de donner de bons résultats.

IV. Le Syndicalisme étranger.

A l'étranger, même dans les milieux les plus socialistes, c'est le Réformisme qui prédomine. Il y prédomine à tel point qu'on serait embarrassé pour y trouver des groupements vraiment révolutionnaires. Alors que le Syndicalisme de notre Confédération Générale du Travail poursuit une refonte radicale de la société et préconise l'emploi des moyens les plus violents, le Syndicalisme étranger ne songe guère, dans son ensemble, qu'à des améliorations économiques réalisées par les voies légales et, tout au plus, s'abandonne-t-il au rêve d'un collectivisme mitigé ; moins idéologue, il est plus sage et plus pratique.

La *Social-Démocratie* allemande en est comme le type. Il refuse de marcher à la remorque de nos révolutionnaires. De là, résulte un antagonisme qui fait éclater en toute circonstance l'opposition existant entre la classe ouvrière française organisée sur le type nouveau et les classes ouvrières des autres nations groupées toujours sur les modèles anciens.

On a essayé de tenir des Congrès réunissant les représentants du Syndicalisme des divers pays. Il y en eut un à Stuttgard, en 1902; d'autres à Dublin, en 1903, et à Amsterdam, en 1905, etc... Dès les premières réunions les divergences s'affirmèrent. La majorité des congressistes se prononça contre les idées françaises. On ne permit même pas aux délégués de la Confédération Générale du Travail de les développer. On refusa de les entendre. Ceux-ci mécontents qu'on eut systématiquement écarté de la discussion les questions de la grève générale, de l'antimilitarisme, de la journée de huit heures et un certain nombre d'autres leur tenant particulièrement à cœur, suspendirent, pendant quelque temps, à la suite du Congrès d'Amsterdam, toute relation avec le Bureau Syndical International et se dispensèrent d'assister à des Conférences où il leur était interdit de défendre leurs méthodes et d'exposer leurs théories sociales.

La Conférence Internationale, tenue à Christiana les 15 et 16 septembre 1907, accentua, si c'est possible, la scission ; elle maintint toutes les décisions des Conférences antérieures et alla jusqu'à demander à la Confédération Générale du Travail de modifier sa tactique, indiquant par là qu'elle la désapprouvait. On lit dans le procès-verbal officiel : « La Conférence considère les questions de l'antimilitarisme et de la grève générale comme des objets qui ne relèvent pas de la compétence des fonctionnaires syndicaux.... d'autant plus que les deux questions ont été résolues à Amsterdam et à Stuttgard, conformément aux circonstances.

« La Conférence regrette que la Confédération du Travail n'ait pas voulu comprendre que l'attitude de la Conférence Internationale des représentants des Centrales Nationales a été parfaitement correcte ; qu'elle ait prétexté de cette attitude pour rester étrangère à notre organisation internationale ;

« La Conférence prie instamment la classe ouvrière de France d'examiner les questions susdites de concert avec l'organisation *politique* et ouvrière de son propre pays et, par une adhésion aux Congrès Socialistes Internationaux, de collaborer à la solution de ces questions et, dans la suite, de s'affilier à l'organisation syndicale internationale dans le but de résoudre les problèmes syndicaux. »

Le Syndicalisme étranger est nettement pour la collaboration des organisations ouvrières avec les Partis politiques et même pour la dépendance des organisations à l'égard du Parti socialiste. Il en est toujours au point où se trouvait le Syndicalisme français avant 1895. Il cherche à envoyer aux Parlements le plus possible de ses représentants, il court après la conquête du Pouvoir, il est convaincu qu'il n'arrivera à changer l'état social qu'en changeant l'état politique. Il repousse donc l'action directe et sa tactique est tout l'opposé de la tactique de nos révolutionnaires. Il veut arriver à la victoire, non par la lutte de classe, mais par le jeu normal des institutions parlementaires.

Il est profondément légalitaire encore, il répugne aux moyens violents ; il accepte les grèves partielles qu'il considère comme nécessaires puisqu'elles sont souvent la seule arme de défense dont dispose le prolétariat ; mais il rejette l'idée de grève générale et surtout l'idée de catastrophe finale qui doit suivre. Aeur, un des représentants les plus en vue du Syndicalisme étranger, appelle la grève générale une « ineptie générale » : *Generalstreik, Generalunsinn* ; et Legien, un autre porte-parole de la Social-Démocratie, vante la sagesse des syndicats allemands qui ont su s'immuniser « contre le bacille morbide de la grève générale ».

Le Syndicalisme étranger ne songe pas à supprimer l'Etat, il songerait plutôt à le fortifier et à en étendre les fonctions. Il voudrait placer entre ses mains les moyens de production et arriver insensiblement à en faire le patron universel. Il tend donc au socialisme d'Etat ou à un collectivisme mitigé. Il croit que dans l'atelier une autorité s'impose et qu'on n'arriverait à rien avec « la discipline librement acceptée » dont parlent nos théoriciens syndicalistes.

Entre le Syndicalisme français et le Syndicalisme étranger il y a donc de nombreuses divergences de vue. Ces divergences ne portent pas seulement sur des détails, elles portent sur les points fondamentaux : sur les principes directeurs, sur la tactique à suivre, sur les moyens à employer, jusques sur la fin à atteindre. Ailleurs, les syndiqués poursuivent les réalisations immédiates et les améliorations présentement possibles ; chez nous, ils se préoccupent surtout de préparer l'avenir et de hâter l'avènement de la société de leurs espérances. Ils se donnent comme des soldats d'avant-garde et i s le sont réellement. Ils le sont même trop, car, dans leur rapide marche en avant, ils ont presque perdu contact avec le gros de l'armée syndicaliste qu'ils voudraient entraîner. Elle s'effraie de leurs audaces et refuse de se mettre à leurs pas. Elle craint qu'au lieu de conduire le prolétariat à la victoire, ils ne le mènent à la défaite et que tous leurs rêves d'affranchissement intégral n'aboutissent à une immense déception. Elle les tient pour des utopistes généreux, énergiques, mais dangereux.

L'on pourrait dire, aujourd'hui encore, ce que M. Victor Griffueilhes écrivait dans le *Mouvement socialiste* de février 1910, à la suite de la sixième Conférence Syndicale Internationale, tenue à Paris : « Quelle conclusion convient-il de tirer de cette nouvelle rencontre du Syndicalisme français et du Syndicalisme international ? Certes, si le travail de la sixième Conférence fut plus important et plus sérieux que celui des Conférences précédentes, on ne peut pas dire que des modifications profondes soient intervenues dans l'orientation du Syndicalisme international. L'on a fait de vague concessions de forme au Syndicalisme français. Mais, en fait. il n'y a rien de changé. L'axe du mouvement syndical international se situe de plus en plus à droite. Ce n'est pas les partis social-démocrates qui s'en plaindront. C'est à cette seule condition qu'ils peuvent paraître révolutionnaires ».

Par conséquent, malgré l'adhésion de certaines fractions ou plutôt de certaines personnalités du Socialisme étranger, le mouvement révolutionnaire créé, en France, par la Confédération Générale du Travail demeure localisé chez nous. Nos syndicalistes n'ont pas fait école dans les autres pays, sauf peut-être en Italie.

Les préventions ne tombent que très lentement ; beaucoup même disent que, loin de tomber, elles s'accentuent et que « l'axe se situe de plus en plus à droite ». Les meneurs en conviennent, mais ils se consolent en soutenant que la réaction n'est que passagère, qu'elle constitue comme le spasme suprême du conservantisme ouvrier expirant et que, mieux éclairé et sur ses véritables intérêts et sur les moyens de les assurer, le prolétariat international comprendra qu'il n'y a de salut pour lui que dans le Syndicalisme révolutionnaire et la tactique qu'il préconise. Son éducation n'est pas encore suffisamment faite, ses dispositions se modifieront aussitôt qu'il se sera affranchi de certains préjugés ataviques et qu'il sera devenu pleinement conscient de ses devoirs et de ses droits.

V. Le Syndicalisme de l'École sociale catholique.

L'association et l'organisation professionnelles n'ont pas de partisans plus convaincus que les membres de l'Ecole sociale catholique. Cette Ecole a toujours soutenu que les ouvriers ont le droit et le besoin de se grouper sur le terrain corporatif.

Alors qu'économistes et législateurs refusaient encore de reconnaître aux travailleurs la faculté de se coaliser avec les camarades de leur profession, en vue d'assurer le respect de leur personne et de leurs intérêts, elle professait hautement que cette faculté est une chose incontestable et sacrée; qu'elle est inamissible; qu'elle n'a d'autres limites que celles qui sont imposées par le respect du droit d'autrui; qu'elle n'est pas conférée par les lois ou créée par des conventions, mais que l'homme la tient de la nature, c'est-à-dire de Dieu même; qu'elle ne saurait être déniée à personne et que tous peuvent en user sans avoir à solliciter l'autorisation de qui que ce soit.

Les « Catholiques sociaux » ont été parmi les premiers et les plus ardents promoteurs de l'association professionnelle. Après s'être demandé, un instant, si le plus sage ne serait pas de revenir aux anciennes Corporations de métiers, mais aux anciennes Corporations adaptées aux besoins et aux conditions de l'heure présente, ils crurent avoir trouvé dans le syndicat mixte la forme de groupement révée. L'expérience ne tarda pas à leur montrer qu'ils s'étaient trompés. L'institution excellente en elle-même ne donna presqu'aucun des résultats qu'on en attendait. Les travailleurs manifestèrent toujours une répugnance extrême à entrer dans des associations dont faisaient partie leurs patrons, c'est-à-dire ceux dont dépendait leur pain quotidien. Ils craignirent d'y manquer d'indépendance et d'être dans l'impossibilité de défendre leurs droits avec toute l'autorité, toute la fermeté et toute la liberté nécessaires. En présence de cet échec, l'Ecole catholique se rendit compte que les syndicats séparés s'imposaient et, loin de combattre les syndicats exclusivement ouvriers, elle les recommanda et les favorisa.

Elle les tient pour une nécessité de l'heure présente; elle leur demande seulement de faire preuve de sagesse, de modération, de justice et de conciliation. Elle ne veut pas qu'ils se placent à l'égard du patronat sur un pied de guerre systématique. L'association constitue une force souverainement précieuse pour les faibles, elle tire les travailleurs de leur isolement et rend beaucoup plus difficile leur exploitation. Mais s'ils ont le droit de l'utiliser pour défendre leurs légitimes intérêts, ils ne sauraient équitablement l'employer à léser ceux des autres.

Ils peuvent, quand ils y sont contraints par les circonstances, se mettre en grève, mais ils ne doivent pas oublier que la grève est une forme de la guerre et qu'elle a tous les inconvénients de la guerre. En la faisant, ils ne doivent jamais s'écarter de ce qu'exige le respect des personnes et de la propriété. Ils sont tenus de s'interdire les violences; il y a des procédés que rien, pas même les abus les plus criants du patronat, ne saurait excuser. La grève générale doit être considérée comme une calamité tellement grave ou comme une utopie tellement monstrueuse qu'il faut en rejeter même la pensée.

L'homme est fait pour vivre en société et la société est impossible sans un pouvoir directeur. Il ne saurait donc être question de supprimer l'Etat et d'édifier une humanité libérée de toute autorité. Ce serait le cahos et l'anarchie. Il n'est pas défendu de se préoccuper d'améliorer l'Etat, de s'opposer à ses empiètements, de réduire ses fonctions, de supprimer ses abus, de le ramener à une conception plus exacte de ses attributions. On peut trouver qu'il a, maintes fois, outrepassé ses droits et qu'il a une tendance déplorable à s'immiscer dans ce qui ne devrait relever que de l'initiative individuelle. On peut trouver aussi que sa tutelle est lourde et que ses ingérences ne sont pas toujours heureuses; mais de là à vouloir et à devoir le supprimer il y a loin. On aurait tort de le transformer en une sorte de Providence universelle, de remettre entre ses mains tous les services économiques et sociaux, de le charger de présider à la production, aux échanges et à la distribution des richesses; il faut l'obliger à se renfermer dans le rôle qui lui a été fixé par la nature; mais ce rôle est un rôle indispensable, lui seul peut le jouer, son existence est donc une nécessité.

L'École sociale catholique accorde bien à l'Etat un certain droit d'intervention en matière de travail, mais elle ne l'accorde qu'à regret; elle considère cette intervention comme imposée par les circonstances, elle la veut réduite à ce qui est rigoureusement indispensable et elle appelle de tous ses vœux le moment où les ouvriers solidement groupés seront assez forts pour faire respecter eux-mêmes leurs droits et se passer d'une protection qui se transforme trop souvent en un joug tellement pesant qu'il est intolérable.

Sans partager les théories du Syndicalisme révolutionnaire sur l'action directe, elle estime que c'est aux travailleurs à s'occuper de leurs propres affaires, qu'ils doivent compter sinon exclusivement, au moins principalement sur eux-mêmes, qu'il faut qu'ils deviennent les artisans de leur libération. Avec Léon XIII, elle professe que d'autres sont tenus de coopérer à cette œuvre de justice, cependant l'établissement d'un ordre de choses plus équitable sera surtout le fait des ouvriers devenus puissants par l'association. Cela ne veut pas dire que l'action indirecte ne puisse et ne doive jouer un rôle. Le législateur peut prêter à l'initiative ouvrière un concours précieux qu'on aurait tort de repousser. Aucune bonne volonté n'est à dédaigner. C'est en combinant les efforts, en se corrigeant les uns par les autres que l'on arrivera sans heurt et sans violence à donner satisfaction à ce qu'il y a de légitime et de possible dans les aspirations du prolétariat.

Tout en admettant que le patronat s'est rendu coupable de bien des abus, l'Ecole sociale catholique ne considère pas l'institution comme intrinsèquement mauvaise et, par conséquent, comme incompatible avec les exigences de la justice. Elle peut se concilier avec le respect qui est dû à la dignité et aux droits de l'ouvrier. Entre employeur et employés il n'y a pas fatalement antagonisme irréductible; les intérêts, sans être les mêmes, ne sont pas nécessairement contraires.

La lutte des classes ne s'impose pas comme moyen unique de dénouer la situation, elle est un malheur pour tous, elle constitue un crime social en mettant aux prises les membres d'un même corps. De cette guerre fratricide ne sauraient sortir que des ruines. Pour le bien des prolétaires, comme pour celui des bourgeois, c'est l'union et non la division qu'il faut chercher; seule l'union est féconde.

Un nivellement immédiat des classes n'est pas possible, il ne pourrait s'opérer qu'au prix des plus terribles bouleversements. Il sera, dans ce qu'il a de désirable et d'utile, l'œuvre du temps, des circonstances, des concessions des uns et des sages efforts des autres. Peu à peu, on arrivera à plus d'égalité comme à plus de justice.

L'École sociale catholique reconnaît que le salariat offre des avantages, qu'il a rendu des services, et qu'il peut se concilier avec un respect suffisant de tous les droits ; cependant, elle ne se croit pas obligée de le considérer comme une institution idéale et définitive. Il a ouvert la porte à bien des iniquités sociales et, quoique sa disparition ne soit pas à la veille de se produire, on peut, sans aller contre aucun principe de la doctrine catholique, désirer sa transformation et même son remplacement. Il serait à souhaiter que l'ouvrier bénéficiât de l'intégralité de son travail et, par conséquent, devînt propriétaire des instruments de production, ce qui en est la condition indispensable. L'ouvrier groupé corporativement et la corporation maîtresse du métier, tel est l'idéal plus ou moins avoué des membres de l'École catholique.

Elle a un très grand souci du bien-être de la classe laborieuse, elle cherche à améliorer son sort par tous les moyens légitimes, elle la pousse vers l'association, elle lui reconnaît le droit de se faire forte et d'aspirer à une transformation qui supprime les inconvénients du régime actuel; seulement elle rappelle aux ouvriers qu'ils ne doivent pas gâter la bonté de leur cause et compromettre le succès de leurs efforts en recourant à des procédés réprouvés par la justice, l'humanité et la civilisation. Elle veut autant que la Confédération Générale du Travail l'amélioration du sort des producteurs; mais elle la veut par d'autres moyens. Il y a des armes dont elle déconseillera toujours l'emploi.

Elle s'inspire des principes de l'Evangile, elle trouve dans les doctrines et les traditions de l'Eglise des lumières qui l'empêchent de tomber dans les excès si regrettables que le Syndicalisme révolutionnaire n'a pas su éviter. Elle autorise tout ce qui est légitime; le dogme catholique, loin d'être pour elle une gène, est une protection contre les entrainements de l'esprit ou du cœur. Il n'est pas une seule revendication équitable du prolétariat qu'il ne puisse soutenir et à laquelle elle ne prête son appui. Les autres sèment la haine et soulèvent les colères; elle apporte, elle, au monde des paroles de paix et de vie.

C'est entr'elle et le Syndicalisme que se livrera la suprême bataille. Ils représentent les deux pôles du mouvement social. Un jour viendra probablement où ils seront seuls en face l'un de l'autre et alors, espérons-le, la douce doctrine du Christ, une fois de plus, sauvera le monde de la barbarie.

CONCLUSION

Telles sont les idées, l'organisation, la tactique, les armes, les prétentions et les espérances du Syndicalisme révolutionnaire. Il constitue un mouvement jeune, audacieux, puissant et, par bien des côtés, troublant. Il s'impose à l'attention de tout observateur social, car il prend tous les jours une importance plus grande et un développement plus inquiétant. En butte aux attaques et du Socialisme orthodoxe et de l'Anarchisme classique et du Conservantisme économique, il a triomphé de leur commune opposition et vu venir à lui un nombre considérable de ses adversaires de la veille.

Pour le mieux faire connaître, nous avons, dans cette étude, emprunté à ses écrivains les plus autorisés leurs formules et leur langage, nous leur avons fréquemment cédé la parole, même quand nous ne les avons pas cités textuellement et, par scrupule peut-être excessif d'exactitude, nous nous sommes effacé derrière eux toutes les fois que nous avons cru pouvoir le faire sans inconvénient. Il ne serait pas impossible que certains lecteurs trouvent qu'en agissant de la sorte, nous n'avons pas assez désavoué toute solidarité et toute sympathie à l'égard d'hommes dont les idées ne sauraient être les nôtres et d'un mouvement dont les conséquences doivent nous alarmer. Si nous avons essayé de nous assimiler l'âme syndicaliste, c'est uniquement pour mieux saisir, afin de les plus fidèlement rendre, ses pensées, ses grondements, ses rêves et ses espoirs. La tâche assumée par nous n'allait pas plus loin, nous l'avons déclaré dans l'Introduction.

Il serait intéressant, pourtant, de soumettre le Syndicalisme à une minutieuse analyse, d'isoler les divers éléments qui le composent et de montrer ce qu'il renferme de vérité et d'erreur, de justice et de passion, de paradoxe et de réalité, d'illusion généreuse et de décevante utopie, en un mot, ce qui en lui peut être accepté et ce qui doit être rejeté. Il serait intéressant aussi d'établir, entre le Syndicalisme révolutionnaire et le Corporatisme professionnel tel que, avec l'Eglise, le conçoit et le recommande l'Ecole sociale catholique, un parallèle beaucoup plus complet que celui que nous venons d'esquisser. Il serait intéressant surtout de prendre les thèses fondamentales du Syndicalisme et de les étudier à la double lumière de la philosophie thomiste et du dogme chrétien. Mais un pareil travail, outre qu'il est particulièrement délicat, risquerait, à l'heure actuelle, de paraître prématuré.

Peut-être, en effet, est-il prudent d'attendre, avant de l'entreprendre, qu'on ait précisé des doctrines qui ne semblent pas avoir reçu encore leur forme définitive. Elles demeurent floues par plus d'un côté ; sur le terrain des réalisations elles recevront des retouches, car elles ne sont certainement pas parvenues encore au dernier stade de leur évolution.

Quel que soit le jugement que, dès maintenant, on estime pouvoir porter sur elles, il n'est pas possible de contester que quelque chose n'ait été changé dans le monde de la production par l'entrée en scène du Syndicalisme. Il a renouvelé le Socialisme en lui imprimant une impulsion, en lui infusant des ardeurs, en lui ouvrant des horizons, en lui fournissant des cadres et des armes qu'il ne connaissait pas. Il a vulgarisé parmi les travailleurs les idées de lutte de classe, d'action directe, de résistance concertée, de grève méthodique, de dévouement à la cause. On doit s'inquiéter de plus d'une de ses tendances, regretter beaucoup de ses procédés, réprouver telle ou telle de ses théories, mais on ne peut pas nier qu'il n'ait déjà beaucoup fait pour l'amélioration matérielle du sort des travailleurs.

Quelles seront les conséquences de ce mouvement, un des plus redoutables qui aient jamais agité le monde ? L'avenir nous le dira. Il faut espérer, cependant, qu'il n'entassera pas toutes les ruines qu'on redoute et ne réalisera pas toutes les craintes qu'on éprouve.

L'humanité, il est vrai, se trouve à un redoutable tournant de son histoire ; une profonde transformation économique et sociale est en train de s'opérer ; elle n'est pas la première et, comme celles qui l'ont précédée, elle s'opérera sous le regard de la Providence. Rien n'arrivera sans la permission de Dieu dont le bras tout puissant dirigera cette formidable évolution comme il en a dirigé tant d'autres, elles aussi délicates et difficiles.

Puisse cette poussée des énergies prolétariennes, qui inquiète justement tous les esprits sages, aboutir au progrès matériel et par le progrès matériel au progrès intellectuel et moral de l'humanité!

Pour qu'il en soit ainsi, il faut que les syndicalistes apprennent à joindre la justice à la force, la modération à l'ardeur, l'amour des hommes à la haine des abus, le respect des droits d'autrui à la préoccupation de sauvegarder leurs droits personnels. Qu'ils s'appliquent donc à faire un syndicalisme sage, équitable, pratique, tel, par conséquent, qu'il puisse être accepté par tous les hommes de bonne volonté — et ils sont nombreux même dans cette classe bourgeoise dont on dit tant de mal — qui rêvent un ordre de choses meilleur et des « rapports économiques plus respectueux de la dignité humaine et plus conformes à ce désir immense de justice qui demeurera, dans l'histoire, la grande noblesse de notre temps ».

TABLE DES MATIÈRES

NIHIL OBSTAT :

POIRET, canon. censor.

IMPRIMATUR : Rupellae, die 1ª Septembris 1912.

A. JOURDAN, vic. gén.

A. PICHAT. — Imprimerie Generale de Chatillon-sur-Seine.

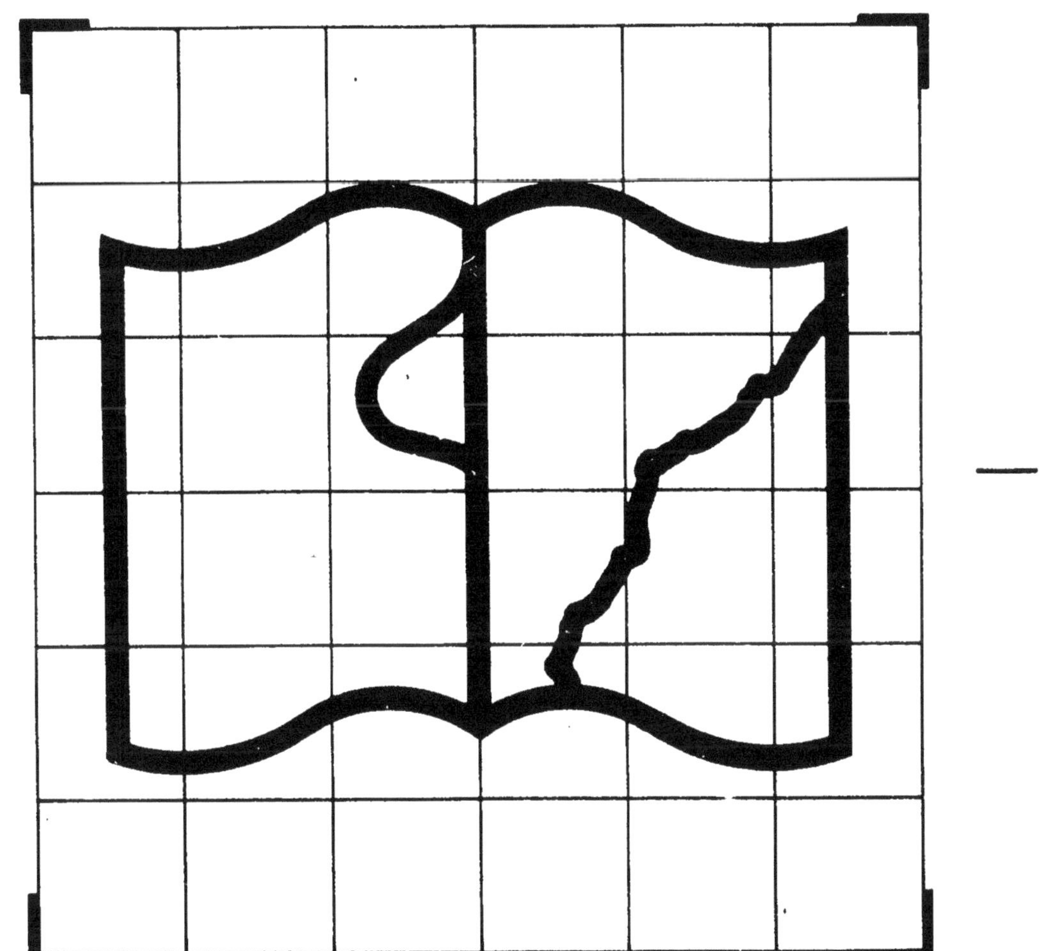

ÉTUDES DE MORALE ET DE SOCIOLOGIE

J. Mersch, imp., 17, villa d'Alésia.-Paris-14e. — 12.860

www.ingramcontent.com/pod-product-compliance
Ingram Content Group UK Ltd.
Pitfield, Milton Keynes, MK11 3LW, UK
UKHW012014240726
13965UKWH00002B/368

9 782013 340991